過疎・限界集落の
ストレングスと地域福祉

豊田 保著

萌文社

目　次

1　過疎・限界集落のストレングスを捉える・・・・・・・・・・・・・・5
2　北海道夕張市の事例・・・・・・・・・・・・・・・・・・・・・・・6
3　群馬県南牧（なんもく）村の事例・・・・・・・・・・・・・・・・・9
4　新潟県関川村の事例・・・・・・・・・・・・・・・・・・・・・・10
5　新潟県中越地震からの地域社会の復興事例・・・・・・・・・・・・11
6　過疎・限界集落のストレングスとしての住民の福祉活動・・・・・・13
7　過疎・限界集落の介護問題と地域福祉の形・・・・・・・・・・・・14

【引用資料】
　　限界集落・自治体の地域コミュニティ再生事業　調査報告書・・・・・・・15

1　過疎・限界集落のストレングスを捉える

　地域社会を維持し発展させるためには、いかなる施策や方策が必要であるのかについて考察することは、地域福祉研究の今日的な課題の1つである。

　また、社会全体の維持について、仮に、次の世代が人口面においても再生産されることを含んだ概念であると理解するならば、それは、地域社会の人口も維持されることを前提とした概念として捉えられる必要がある。

　しかし今日、日本各地のどの地域社会においても少子高齢化が進行し、合計特殊出生率も低迷しているのが現実であり、将来に向けても人口減少社会が継続することが明らかになっている。

　さて、日本全国の地域社会のなかで、こうした状況に真っ先に直面してきたのは過疎地域である。人口の減少と高齢化に直面している過疎地域では、集落の存続自体が当面の課題になっている状況さえ出現している。

　ゆえに、過疎地域で生活している住民に対して、どのような支援施策が必要であるかについて考察することは、人口減少社会が慢性的に進行している各地の地域社会の今後のあるべき姿を考えるうえで、何がしかの手がかりを見出すための知見や示唆を得ることに繋がると考えられる。

　そのためには、過疎・限界集落で生活している地域住民の生活の現状を把握し、これらの人たちが必要としている支援施策は何かをはじめ、地域住民による自発的な地域活動がどのように展開されているかなどについて、地域住民の生活実態をリアルに理解することから考察を進めていくことが必要であると考えられる。

　ところで、日本各地における過疎化の進行は、一般論として、1950年代後半からの高度成長期における農山村での人口の急減期、1990年代以降の人口の自然減による人口減少再進行期として理解できる。そして、2000年代以降においても人口減少はさらに進行し、集落の維持さえも困難な限界集落が多く出現することになった。
また、政府による過疎対策は、1970年の過疎地域対策緊急措置法に始まり、人口と財政力を要件とする過疎地域を抱えた特定の自治体が指定されて、財政支援が開始されることからスタートしたが、2013年時点での過疎自治体の数は775市町村で全自治体の45.1%を占めている。これらの市町村が占める国土面積は57.2%であるが、人口では2005年の国勢調査において全人口の8.1%である。

　過疎・限界集落の問題は、高齢者問題と全てイコールではないが、本書では、主に過疎・限界集落における高齢者の生活に焦点を当て、その生活上の諸課題を明らかにすることによって、過疎・限界集落が抱える課題についての考察を進めることにする。

　まず、過疎・限界集落では高齢化率が高く、世帯が極小化していて、世帯内で福祉ニーズを充足し難くなっているのが現実である。同時に、介護職員などの対人サービ

スの担い手を確保することが難しいことをはじめ、福祉サービスに関する社会資源が不足していることが一般的である。また、過疎自治体は財政基盤が弱く、1つの自治体単独で福祉サービスを提供することが困難な場合が多いのが現状である。

　同時に、高齢者の自発的な地域活動の側面から住民生活を捉えると、過疎・限界集落の高齢者は、困難な状況の中でも積極的な地域活動を展開しているのも事実である。その1つは、農作業などを通しての生活に根付いた社会参加活動を行っていることである。毎日の生活がほぼ自給自足によって行われているために、農産物の交換などは集落での日常的な出来事になっており、それは社会参加の意味をも持っていると理解できる。

　2つ目は、老人クラブや婦人会、自治会や町内会などの地縁型組織の活動が不活発ながら維持されてきている現実が存在することである。地縁型組織の役員のなり手が居ないなどの動向はあるにしても、ほとんどの地域住民が地縁型組織の一員としての立場は維持しているのである。

　3つ目に、高齢者のみ世帯の多くが最寄りの都市部に居住している子どもの世帯から必要なサポートを受けている場合が多いのが実態である。子ども世帯からの買い物や通院などに対する支援が積極的に行われていることが多い。このことから、過疎・限界集落の高齢者は、家族関係も含めたエコロジカルな視点で捉えられる必要があることが指摘できる。

　これらは過疎・限界集落における住民生活に関するストレングスとして位置付けられるものであるが、こうした過疎・限界集落のストレングスも踏まえて、高齢者が日々の生活において生きがいを持って暮らすための生活内容や支援施策の内容を明らかにするとともに、高齢者のみ世帯の高齢者が要介護状態になった場合の支援施策のあり方などが検討されることが必要である。

2　北海道夕張市の事例

　北海道夕張市は全国の町村を除いた基礎自治体である、いわゆる市の中で、高齢化率が最も高く、2012年では45％になっており、おおよそ市民の2人に1人が65歳以上である。

　また、人口については2001年に15,115人であったが（石炭産業が活況であった1960年の人口は116,908人で、1990年に全ての鉱山が閉山した。）、その後は継続的に人口減少が続き、2013年では9,968人となって10,000万人を下回り、2015年では9,362人となっている。

　夕張市は北海道の中央部に位置し、かつては石狩炭田の中心的な都市として栄え、また、夕張メロンの産地としても著名であるが、総務大臣から2007年3月に財政再建団体（今日の財政再生団体）に指定され、今日においても財政破綻中の自治体と

されている。

　以上のような夕張市の今日における人口減少の最も大きな要因は、夕張市が元々は炭鉱によって開かれた町で、大規模農業にも向かない土地柄で、石炭産業以外の産業基盤は皆無で、雇用の受け皿が無く、若者は都市に流出し、市内には高齢者が残る結果となったためである。

　筆者は、4人の研究者と共同（筆者を含めて5人）で2007年の夏に夕張市を訪問し、財政再建団体下の夕張市の福祉施策の動向などについて、現地における調査活動を行ったところである（この調査活動の結果は、ミネルヴァ書房より2008年に刊行されている川村匡由編著『地域福祉の原点を探る～夕張市に見る住民・市民自治の本質～』にまとめられている）。

　さて、総務省の指導の下で編成された2007年度の夕張市の予算の特徴は次のようなものであった。

　まず、市から各種の福祉団体に支出されていた全ての補助金は廃止され、市立総合病院は、老人保健施設を併設する有床の診療所に再編されるとともに、指定管理者制度によって公設民営で運営されていた。

　また、高齢者の交流の場である老人福祉会館は、その利用料を引き上げたうえで、指定管理者制度によって民間団体によって運営が継続されていた。

　各種公共施設の使用料も改訂され、保育所の措置費では保育料徴収基準を国の基準まで引き上げ（当時の保育制度）、敬老乗車証は1回当たり200円の自己負担が300円に引き上げられていた。

　さらに、廃止された市の福祉事業も多く見受けられ、通院交通費の復路助成をはじめとして、自治会への青少年健全育成事業費補助、敬老祝い金、高齢者に対する配食サービス、重度障害者のタクシー利用料金への助成、老人クラブ活動費の補助など、各種の事業が廃止されることになった。

　ところで、地域福祉を構成する要素について、極めて単純化した形で考えると、一方においては、国・自治体による行政サービスとして提供される各種のフォーマルな福祉施策が存在し、他方においては、市民・住民団体、当事者団体、ボランティア団体、福祉NPOなどによる自発的な福祉活動が提供するインフォーマルな福祉サービスが存在することになる。これら両者による一定の地域社会を対象にした福祉施策や事業の総体が、その地域社会における地域福祉の基盤である。

　このような意味において、夕張市の地域福祉を理解すると、一方においては自治体による行政施策としての各種福祉サービスの水準が、極めて低位な水準の状態にあると捉えられることになるが、他方においては、市民・住民団体や当事者団体などによる各種の自発的な福祉事業の現状についても把握することが求められることになる。

　そこで筆者は、市民・住民団体による自発的な福祉活動や福祉事業の動向について把握することを試み、2007年9月に夕張市若菜地区を訪問して、町内会の役員に対するインタビュー調査を実施した。

　夕張市が財政再建団体に指定されて以降、夕張市若菜地区では、「何でも相談・ふ

れあいサロン」の活動が展開されていた。ところで、若菜地区の地区の意味するところは、夕張市内の6つの地区社協が設置されている地域社会を表現する言葉である。また、この地区社協の主力部隊は、連合町内会と呼ばれる町内会の連合体である。

　この若菜地区社協の具体的な活動の内容は、夕張市が財政再建団体に指定されたことを受けて、「市民にできることは市民自身で担っていこう」とのスローガンを掲げて、市民からの「何でも相談」を受け付け、あわせて、市民の「ふれあいサロン」の役割を果たしていこうとするものであった。

　ちなみに、「何でも相談・ふれあいサロン」の実施場所は、市役所の支所としての役割を果たしていた建物であるが、財政再建のために全ての支所が廃止され、その建物を地区社協が借り受けて実施しているものである。

　さて、この「何でも相談・ふれあいサロン」の活動内容は、連合町内会の役員などが地域住民の相談相手となり、地域住民が抱えている日常生活上の問題や課題を解決することを支援するための役割を果たしていた。

　また、地区社協の活動の範囲としては、持ち込まれた地域住民の抱えている課題を、市役所の担当課や地域包括支援センター、民生・児童委員、地域福祉権利擁護事業などの社会資源につなげていく役割を果たしている。さらに、現役時代に専門職として働いていた連合町内会のなかの専門的な知識を有する市民たちが、相談・援助者としてのマンパワーとして積極的な役割を果たしている。

　この地区社協の今後の活動の発展方向を展望すると、すでに町内会において地域住民のほとんどの世帯が組織化されている利点を活用し、近隣住民同士が連携を図りながら、独り暮らし高齢者の訪問活動、子育て家庭に対する相談支援などの小地域ネットワーク活動を発展させていくことが求められる。

　また、連合町内会の役員、民生・児童委員などの役割を担っている市民は、保健・医療・福祉の専門機関や当事者団体などとのネットワークを構築し、地域社会におけるソーシャル・サポート・ネットワークが機能するための主導的な役割を果たしていくことが求められることになろう。このことは地域福祉を推進していくための、住民主体の地域づくりを目指すものであり、地域福祉の一部を構成するものである。

　話は変わるが、2007年4月の市長選挙で選出された藤倉前市長が提唱し、市役所の地域再生課が事務局になって、約120人の市民参加のもとで旗揚げされたのが「ゆうばり再生市民会議」である。夕張市のホームページに掲載されている同「市民会議」の広報版によると、この「市民会議」の趣旨は、「夕張市を活力ある住み良い街にするため、市民一人ひとりが、今、自分たちでできることを考え、継続的な市民活動を生むきっかけを創り、全市的なネットワークづくりを目的とする」ものである。そして、「市民会議」の発足とともに運営委員が公募され、現在、25人の市民によって構成される運営委員会によって「市民会議」が自主運営されている。

　この「市民会議」には3つの分科会が設けられているが、そのうちの1つの分科会である「福祉・生活全般分科会」では、「一人住まいのお年寄りにおかずを届けたり、相談相手になっている」、「通院の介助を行っている」、「地域交流会を企画している」

などの市民の活動紹介や意見が提起されている。こうした市民による自発的な福祉活動は、市民参加を前提にした市民と市政の協働による福祉のまちづくりのための活動として評価できる性質のものであり、住民自治の原点として評価できるものである。

そして、これらの市民による諸活動は、財政再生団体下における市民のストレングスとして位置付けられる活動である。

3　群馬県南牧村の事例

今日の日本社会が超高齢社会を迎えていることはすでに述べたが、全国の町村の中には、すでに高齢化率が50％を超えている自治体が出現している。

高齢化率が50％を超える集落で、集落における社会的共同行動が困難な集落について、社会学者の大野晃は1991年に限界集落という定義を明示しているが、群馬県南牧村では、村としての高齢化率がすでに57％に達しており、限界集落どころか限界自治体の様相を示している。具体的には、南牧村には60の集落が存在するが、そのうちの43の集落は高齢化率が50％を超えている。

さて、限界集落は社会的共同活動が困難な集落とされていることから、住民相互の支え合い活動などは実践されていないと誤解されている場合もあるが、南牧村では活発な高齢者相互の支え合い活動が展開されているのが現実である。

厚生労働省社会援護局に設置された「これからの地域福祉のあり方に関する研究会」によって、2008年に報告された「地域における『新たな支え合い』を求めて」では、各地域社会における新しい今日的な住民相互の支え合い活動を創出していく必要性を提言しているが、南牧村の限界集落における高齢者相互の支え合い活動の現状と課題を明らかにすることは、今後の超高齢社会および限界集落における高齢者相互の支え合い活動についての1つの知見を提起することに繋がると考えられる。

筆者は、南牧村の限界集落に居住する65歳以上の独り暮らし、および、高齢者のみの世帯の高齢者を対象に、5つの限界集落の15人を、また、限界集落区域を担当している民生委員2名と行政区長3名を対象にして、半構造的インタビュー調査の方法によって、集落における高齢者相互の支え合い活動の現状について把握し、その現状と課題について考察を加えた。

インタビューによる高齢者相互の支え合い活動に関する高齢者自身、民生委員、行政区長からの内容が共通した回答を整理すると、「近隣による高齢者相互の自発的な見守り活動が定着している」、「高齢者の通院時や買い物時に、車を運転できない近隣の高齢者を同乗させる行為が一般化している」、「独り暮らし高齢者が病気などの時には、近隣の住民が食事を提供する行為が日常的に見受けられる」、「連日のように高齢者が不特定に民家に集まり、お茶飲み話に花を咲かせていることが目立つ」、「自宅で採れた野菜などを近隣で分け合うことが定着している」、「過去に大雨洪水警報が出さ

れた時には、高台にある家に川が近いところに居住している高齢者が避難したことがある」、「集落単位の『ふれあい・いきいきサロン』活動は、定期的に開催されている」などである。

もとより、南牧村の限界集落においては、集落全体としての共同行動が困難であることはもちろん、個々の高齢者が日常生活上の困難を多く抱えているのが現実である。

具体的には、車の運転ができなければ通院も買い物も不可能であり（村内には病院もスーパーマーケットも存在しない）、独り暮らしの高齢者が病気などで寝込んだ場合、看病をする者が存在せず、また、高齢者夫婦のみの世帯においても、電球の交換さえもが困難であるのが現状である。

しかし、南牧村における限界集落においては、集落全体としての社会的共同活動は困難な状況にあるが、近隣を中心にした高齢者相互の支え合い活動は活発に展開されているのが実情である。これらの諸活動は、住民自身のストレングスとして捉えられる性格のものである。

今後の課題は、村の社会福祉協議会や村の行政が、高齢者相互の支え合い活動を支援する仕組みを構築すること、および、高齢者相互の支え合い活動と高齢者に対するフォーマルな生活支援施策とを結びつける方策を構築していく必要があると思われる。

高齢者相互の支え合い活動を支援する仕組みについては、近隣の高齢者の個人宅を用いた集まり（お茶飲み話）などについても「ミニ『ふれあい・いきいきサロン』」として位置づけ、このような住民相互の交流活動を発展させていくために、村の社会福祉協議会から助成金を支出することをはじめ、各種の高齢者の自発的な活動を積極的に支援していくことが考えられる。

また、高齢者に対する生活支援を発展させていくためのフォーマルな支援方策としては、人口約2,500人の村内に、あえて複数の保健福祉センター支所を設置し（現在は、村役場内に1か所のみ）、隣接する複数の集落の高齢者が気軽に保健・医療・福祉に関する相談を行える仕組みを構築することも1つの方法である。

または、村役場の保健・医療・福祉チームが村内の集落を巡回し、移動相談センターとしての役割を担うことも1つの方法であると考えられる。

いずれにしろ、村役場がアウトリーチの手法を用いて、限界集落の高齢者相互の支え合い活動を公的に支援する仕組みを構築することが必要である（本項においては「引用資料」を参照すること）。

4　新潟県関川村の事例

2010年の国勢調査における関川村の人口は6,445人であるが、高齢者は2,271人で高齢化率は34.5％、新潟県内の30の自治体のなかでは6番目に高い高齢化率である。また、世帯総数2,036世帯のうち、高齢者のいる世帯は1,442世帯で総世帯

に占める割合は72.7％で、このうちの独り暮らし世帯が177世帯で8.9％、高齢者夫婦世帯が216世帯で10.9％であり、約2割が高齢者のみ世帯である。なお、要介護認定者は370人で高齢者人口に占める割合は16.0％である。

村の高齢者福祉施策の要点を紹介すると、常日頃から安否確認や地域交流を強め、高齢者の孤立を防止するための地域ネットワークの構築が目指されている。また、高齢者の生活を豊かにするための老人クラブへの支援、地域社会における高齢者の役割づくりや介護予防事業の充実が目標とされている。

さらに、要介護高齢者への施策としては介護サービス事業所の整備、とりわけ地域密着型介護サービスの整備が目指されている。この結果、人口が同じ程度の他の村と比較して各種の介護サービス事業所がより整備されている現状にある。

また、以上の村による高齢者福祉施策と連携しながら、村社会福祉協議会も高齢者のための積極的な施策を展開している。具体的には、高齢者を主体にしたメニューが多様な地域福祉活動の展開、老人憩いの家の運営、訪問介護事業所・ディサービスセンター・高齢者生活福祉センター・居宅介護支援事業所の運営を行っている。

ところで筆者は、2010年時点における関川村の集落のなかで、高齢化率が40.0％以上となっている13の集落のなかから3つの集落を無作為に抽出し、各3世帯ずつ計9世帯に対して、高齢者の生活の現状についてインタビュー調査を実施したところである。このインタビュー調査の中で共通していた高齢者の生活に関する回答を抽出すると、次のような内容として整理できる。

第1に、近隣関係が緊密であることである。近隣における日常的な往来、集落内での公民館を利用した定期的なサロンの開催、自動車を運転できる人が運転しない人を日常的にサポートしているなどである。

第2に、近隣の都市部にすむ息子・娘世帯と緊密に連絡を取り合って、日常生活におけるニーズを充足している。例えば、息子・娘世帯に自給自足のために作っている米や野菜を度々郵送しているが、息子・娘世帯からは洗剤や常備薬などの都市部のスーパーなどで手に入るものが送られてくるなどである。

第3に、老人クラブや婦人会などの地縁型組織への参加率が高く、同時に、昔ながらの集落の行事が維持されており、それに参加することで集落としてのまとまりも維持されていることである。また、村全体の行事においては、各集落の役割が分担されており、村としての一体感が維持されている現状である。

したがって、住民の社会参加活動は概して活発である。これらの諸活動は地域住民のストレングスとして位置付けられるものである。

5　新潟県中越地震からの地域社会の復興事例

2004年10月23日に新潟県中越地方の川口町（現在は長岡市）を震源に大規模

な地震が発生し、2006年での新潟県での発表によれば、死者が59人、重軽傷者が4,795人、家屋の全壊が3,173棟、半壊が13,703棟、被害総額が3兆円とされている。

この地震の特徴は、一番大きな被害を受けた地域が中山間地に点在した過疎が進行した集落であったことである。その結果として、棚田の陥没や崩壊、用水路やため池などの農業用施設の崩落、道路の寸断やその結果として孤立した集落が数多く発生した。

自治体による避難指示・勧告を受けた住民は約10万人にのぼり、全村避難の山古志村（現在は長岡市）をはじめとして、震災時には壊滅的な被害を受けたいくつもの集落がコミュニティの存立の危機に直面した。

しかし、震災の発生から約半年が経過したころ、各集落での復旧・復興の動きが活発化してくるが、被災者救済活動や復旧・復興活動に関わっていた人たちは中越復興市民会議を設立し、中越地域の特産物であるコシヒカリ米や錦鯉を活用した村おこしを展開することになった。さらに、小千谷市塩谷集落では住民のための新たな集会所が設立され、川口町（現在は長岡市）田麦山地域でも農業組合法人であるファーム田麦山が設立され、新しい集落の形を目標にした地区も出現した。

また復旧・復興のプロセスにおける特徴としてもう一つ指摘できることは、被災住民自身、被災者を支援する人たち、自治体の協力関係が形成されたことである。例えば、小千谷市、中越復興市民会議、住民組織である東山振興会が協働して東山地区の復興を目指す動きが進められている。

これらの住民活動から読み取れることは、震災からの復旧・復興は、最終的には被災者自身が自ら復旧・復興しようとする意欲を持っていなければ課題を達成できないということである。行政や被災者支援組織が被災者の主体性を尊重し、同時に、被災者中心の実践が展開されることによって、そして、被災者中心の実践との協働行動を自治体や支援組織が展開することによって、復旧・復興の課題が推進されるということである。

例えば、旧山古志村（現在は長岡市）の各集落では、集落の住民同士のふれあいを目的にした活動を「コミュニティ」と表現し、集落での近隣関係を緊密にする「コミュニティ」活動が活発に展開されている。また、山古志住民会議を発足させ、山古志の住民が主体となって自治体や大学などと連携しながら山古志の将来構想についての議論を重ねてきている。

すなわち、復興とは集落の人口を維持したり増やしたり、新たな産業を開発したりすることだけではなく、一人ひとりの住民が集落の主体として生活していく認識を確立して他者とも共有し、住民同士の連携を構築することであるといえる。日本は2009年から人口減少社会に突入している。人口の増減や産業の盛衰のみに目を奪われるのであれば、今後の日本は衰退の一途をたどる社会として定義しなければならないことになる。しかし、集落の主人公として、少ない人口で自分らしい生き方を追及できる地域社会の構築が、地域住民の幸福度と結合していることを再認識することこそが重要であろう。そして、集落の主人公として生きるための諸活動を展開すること

は、地域住民のストレングスである。

6 過疎・限界集落のストレングスとしての住民の福祉活動

　すでに述べたように、わが国では、1950年代後半から1970年代前半の高度経済成長期に、農山村地域から大都市への大規模な人口移動が展開されたため、農山村地域では人口が急減し、また高齢化し、地域社会における共同生活が成り立ちにくくなる状態が問題とされるようになった。

　こうした現状に対して、国は過疎と表現するとともに、地方自治体とともに種々の施策を講じてきてはいるが、これまで述べてきたことは、国や自治体の施策についてではなく、地域住民の自発的な住民活動についてである。そして、それらの住民活動を過疎・限界集落におけるストレングスとして位置づけてきた。

　ここでは、これまで述べてきた過疎・限界集落における住民の福祉活動を発展させるための基本的な視点を提起することにする。

　1）地区単位の福祉活動推進組織の必要性

　独り暮らし高齢者の見守り体制や災害時の住民の避難体制の組織化、住民の日常生活を向上させるための互助活動の発展を推進するためには、それらの活動を担う推進組織が形成されていることが必要である。

　地域社会には福祉活動に取り組んでいる多様な組織・団体が存在するが、これらの組織・団体をネットワーク化し、総合的に地域社会の福祉の向上を推進するための組織として活動できるようにしていくことが必要である。

　コミュニティ・オーガニゼーションの理論によれば、インターグループワークの活用が求められることになるが、その担い手は地区社会福祉協議会でも自治会連合会でも構わないが、地区単位での各種の組織・団体の連携を強め協働できる体制の構築が必要であると指摘できる。

　2）地区を単位とする福祉活動推進組織の構築とその活動は、地域住民の福祉ニーズを素早く発見し、インフォーマルな組織・団体のネットワークによるサポートを展開することになるが、福祉ニーズの性質によってはフォーマルなサポートが包括的な形態で機能する体制が必要である。つまり、ソーシャル・サポート・ネットワークの形態に基づく支援が地域住民に対して展開されるためのシステムが構築されることが必要である。

　改めてソーシャル・サポート・ネットワークについて説明することは不要であると思われるが、フォーマルなサポートのネットワークとインフォーマルなサポートのネットワークを統合し、支援が必要な住民などに対する総合的なサポートのネットワーク・システムを構築していく援助の形態・方法のことである。

7　過疎・限界集落の介護問題と地域福祉の形

　過疎・限界集落における独り暮らし高齢者や高齢者のみ世帯の地域住民が要介護状態にある場合は、多くの住民は近隣都市部の高齢者施設、療養型病院、子ども夫婦の世帯に転居して生活することを選択することが一般的である。

　しかし、高齢者の多くは生まれ育った地域社会で住み続けたいという要望を持っていることも事実である。こうした要望を実現するためには、高齢者の介護ニーズを充足するための社会資源を過疎・限界集落においても整備することが求められることになる。

　しかし現実には、過疎・限界集落であるがゆえに高齢者施設やディサービス、訪問介護などの介護サービスを提供するための社会資源が整備されていないのが現実である。そこで、この矛盾を解決するためには、介護サービスのあり方を方向転換していくことが必要であるが、筆者は、今後のあるべき介護サービスの形態は、小規模多機能居宅ケアを中心にした介護サービスの再構築という方向性を提起するものである。

　具体的には、過疎・限界集落であろうが都市地域であろうが、一定の地理的範囲を基盤にして、宿泊介護、ショートスティ、ディサービス、訪問介護、訪問看護、訪問入浴、訪問リハなどを一体的に提供する社会資源としての小規模多機能居宅ケア施設を地域社会を基盤にして整備していく方向を目指すことが必要であると考える。

　中学校区などの地理的範囲を基盤として、その中で各種の介護と関連ケアが提供できるような介護システムを構築することが、過疎・限界集落における望ましい介護サービスの提供方法として、かつ、過疎・限界集落の要介護高齢者の介護ニーズを充足するための基本的方策として位置づけられることが必要である。

　人口減少社会を迎えた今日の日本社会においては、今後とも過疎・限界集落が増加していくことが予想できるが、そこにおける地域福祉の向上を目指すためには、地域住民の自発的な福祉活動を過疎・限界集落のストレングスとして積極的に位置づけ、同時に、国や自治体による福祉施策の方向性としては、一定の地理的範囲を基盤にした地域社会において、介護サービスと関連サービスを総合的に提供することで、地域住民の福祉ニーズに対応することができる小規模多機能居宅ケアのシステムを基本にした公的介護サービス施策の再構築を推進していくことが求められていると考えられる。このことが、要介護高齢者のそれまでの生活内容を延長・継続する形での介護形態を実現する方法論として提起できるものである。

引用資料

限界集落・自治体の地域コミュニティ再生事業
調査報告書

～あすの南牧村の地域再生のために（提言）～

平成 23 年 3 月

非営利任意団体

福祉デザイン研究所

「限界集落・自治体の地域コミュニティ再生事業
～あすの南牧村の地域再生のために（提言）～」
調査報告書に寄せて

　福祉デザイン研究所（非営利任意団体）では平成19年、「『平成の大合併』による地域福祉への影響と課題」をテーマに「『市町村合併と地域福祉』研究会」を設置し、以来、全国の合併市町村を対象にアンケート調査を実施したり、その一部、及び合併を拒否して自立、あるいは合併を断念せざるを得なかった市町村を対象にヒアリング調査を実施してその結果を分析しました。そして、その現状と課題について日本地域福祉学会や日本社会福祉学会、日本社会学会で報告するとともに、著作物を上梓して関係方面に問題を提起しています。

　このようななか、平成22年度、貴独立行政法人福祉医療機構より「限界集落・自治体の地域コミュニティ再生事業」をテーマに、群馬県南牧村におけるアンケート調査及びヒアリング調査について、社会福祉振興助成事業としての助成金を受ける栄誉を受けました。

　そこで、当研究所では所員有志による調査研究チームを編成し、同年9月、及び翌平成23年2月、地元南牧村及び15分区長などのご協力をいただき、上記のアンケート調査及びヒアリング調査を実施することができました。この報告書はその結果をまとめたものだけでなく、南牧村の住民が今後も住み慣れた地域でいつまでも安心・安全な暮らしを送っていくことがきるよう、地域再生のための方策について提言したものでもあります。

　したがって、この報告書が地元南牧村及び群馬県など関係方面において、南牧村の地域コミュニティ再生事業のための参考になれば幸いです。

　最後に、今回の調査研究に対し、社会福祉振興助成事業として助成金をご交付いただいた貴独立行政法人福祉医療機構、及びご多忙のなか、関係部署及び分区長、区長、民生委員、住民の皆さま、さらには南牧村商工会、南牧村森林組合など関係機関への調査協力のため、連絡・調整など連絡・調整を図っていただいた南牧村、また、地元の中越信一、斎藤孝夫、寺崎喜三、宮澤展彦の各氏、及び本調査研究活動を社会福祉振興助成事業としてご推薦をいただいた群馬県社会福祉協議会、ならびに本調査の解析や装丁などにご尽力いただいた地域政策ネットワークの野上隆憲氏に対し、改めて厚く御礼を申し上げます。

　平成23年3月　東日本大震災の被災者にお悔やみとお見舞いを申し上げつつ

社会福祉学者・福祉デザイン研究所所長
武蔵野大学大学院教授
川村　匡由

限界集落・自治体の地域コミュニティ再生事業調査報告書

― 目 次 ―

本 編

第1章　南牧村の現状と課題 1
　1　位置と気候 1
　2　歴史 3
　3　人口動態と経済 4
　4　福祉の課題 5
　5　文化 5

第2章　調査の概要 6
　1　調査の目的 6
　2　調査の方法 7

第3章　調査の結果 9
　1　アンケート調査 9
　2　インタービュー調査 12

第4章　あすの南牧村の地域再生のために（提言） 18
　1　デマンド型交通の導入の検討 18
　2　"御用聞き"サービスのシステム化 20
　3　住民による地産地消の店舗兼宅老所の運営 21
　4　福祉の産業化及びコミュニティビジネスによる人材の確保 ... 22
　5　社会資源の有効活用によるコミュニティ再生 23

資 料 編

資料1　アンケート調査結果の内容 25
　序　調査の概要 25
　1　回答者の属性 26
　2　移動手段や近所づきあいについて 36
　3　生活の困りごとについて 46
　4　今後の生活について 52
　5　地域の支え合いの仕組みについて 62
　6　調査票 72

資料2　インタビュー調査の項目 80
　1　予備調査（プレヒアリング調査） 80
　2　本調査 81

資料3　調査実施体制及び経緯等 88
　1　福祉デザイン研究所について 88
　2　調査・研究員名簿 89
　3　調査の経緯 90
　4　参考文献 92

本 編

第1章　南牧村の現状と課題

1　位置と気候

　南牧村は、群馬県の南西部、長野県との県境に位置する中山間地域の自治体である。関越自動車道・練馬ICから最寄りの上信越自動車道・下仁田ICまでおよそ100km、上信越自動車道・下仁田ICから村役場までおよそ15kmの距離にある。

　東と北は下仁田町、西は長野県臼田町と佐久町、南は群馬県上野村に接している。村の中央を南牧川が流れ、川沿いに集落が点在する。四方は山に囲まれており、北と西は妙義荒船佐久高原国定公園内にある山紫水明の自然豊かな山村である。

　広袤（こうぼう）は東西に16.5km、南北に9.2km、標高は最低標高320m、最高標高1,442m、面積は118.78平方kmである。平成21年の地目別面積は、畑629.0ha、宅地67.3ha、山林2,368.3ha、原野949.6ha、雑種地15.2ha、その他7,848.6haである。

　気候は内陸性気候で、国土交通省「住宅の次世代省エネルギー基準と指針」に基づく「準寒冷地」に指定されている。四方を山に囲まれているため、上州名物の「からっ風」はなく、中山間地域にしては比較的住みやすい環境である。

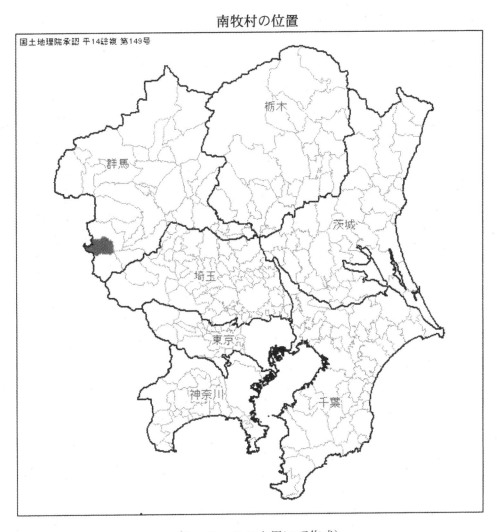

(Ken Map 8.5 を用いて作成)

本 編

南牧村村内マップ

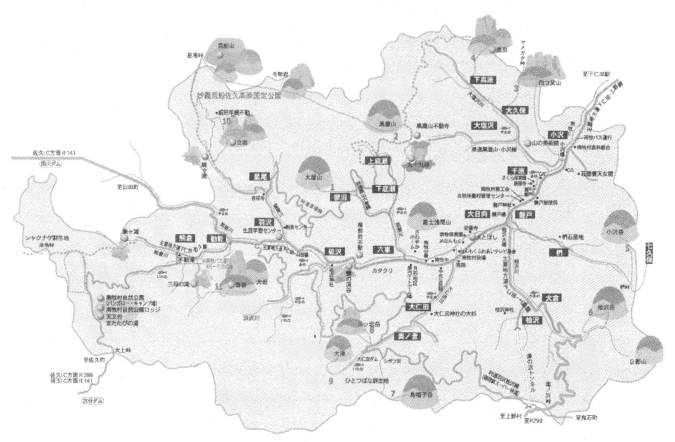

南牧村ホームページ（http://www.nanmoku.ne.jp/）より転載

急勾配の畑

（星尾地区にて小野撮影）

2　歴史

　南牧村は、戦国時代から江戸時代にかけ、隣接する信州と峠を結んで人馬の往来が大いに栄え、「西毛文化の発祥の地」といわれている。江戸時代、南牧村の砥石は幕府の御用砥として採掘が活発化して繁栄した。

　南牧村は、「明治の大合併」により、明治22年、旧砥沢村、旧羽沢村、旧熊倉村、旧星尾村が合併して旧尾沢村、旧大日向村、旧大仁田村、旧六車村が合併して旧月形村、旧小沢村、旧大塩沢村、旧千原村、旧磐戸村、旧檜沢村が合併して旧磐戸村にそれぞれなった。その後「昭和の大合併」により昭和30年3月15日、旧磐戸村、旧月形村、旧尾沢村が合併し、現在の南牧村が発足した。

　「平成の大合併」では次の経過をたどっている。

　まず平成13年8月22日、富岡市、甘楽郡甘楽町、妙義町と5市町村で研究会「富岡甘楽合併問題研究会」が設置された。その後、平成15年1月20日、富岡市、甘楽町、妙義町と5市町村で準備会「富岡甘楽広域任意合併協議会設立準備会」が設置された。

　しかし、平成13年4月24日、下仁田町、南牧村が合併協議からの離脱を表明し、「富岡甘楽広域任意合併協議会設立準備会」が解散した。2003年5月16日、離脱を表明した下仁田町、南牧村の2町村で準備会「下仁田町・南牧村任意合併協議会設立準備会」が設置され、平成15年6月24日、任意協議会「下仁田町・南牧村任意合併協議会」が設置され、同年12月、下仁田町、南牧村の2町村で、合併に関するアンケート調査が実施された。

　その結果、下仁田町の住民を対象とした南牧村との合併の是非については、「賛成(22%)」「反対(39.5%)」「わからない(32.8%)」であった。また、南牧村の住民を対象とした下仁田町との合併の是非については、「賛成(32.6%)」「反対(27.7%)」「わからない(32.3%)」であった。その後、平成16年6月18日、法定協議会が設置された。

　しかし、平成16年8月29日、下仁田町で、南牧村との合併の賛否を問う住民投票を実施したところ、反対多数となった。その後、下仁田町で合併問題をめぐり、下仁田町長に対する解職請求（リコール）の署名活動が起こり、結果として下仁田町長が辞職願を提出することになった。

　下仁田町長選では、南牧村との2町村の合併ではなく、富岡市、甘楽郡の広域合併の検討を公約とする候補が当選した。平成17年に、南牧村は合併特例法期限内での合併を断念し、単独村制継続を表明した。平成18年7月21日、南牧村は正式に、単独村制を継続することになった。そして、平成20年8月27日、富岡市、下仁田町、南牧村の3市町村で富岡甘楽地域合併研究会を設置したが、現在は活動を休止している。

3 人口動態と経済

(1) 人口動態

　南牧村の人口は男1,214人、女1,386人で、合計2,600人、世帯数は1,213戸である（平成22年10月末）。高齢化率は56.5％で日本で最も高く、15歳未満の少子化率は4.0％で、これまた、日本で最も低い（平成21年）。平成17年から平成47年までの減少率も南牧村が68.3％で日本一である（平成20年）。

　同村の人口と世帯数は、昭和30年の10,573人、1,894世帯をピークに年々減少している。昭和45年国勢調査以降は常に2ケタ台の減少率である。なかでも15歳未満は30％超、15～64歳は20％超とそれぞれ減少が続いている。このため、同村は過疎地域自立促進特別措置法第2条1項にもとづき、過疎地域に指定されている。

総人口の推移（各年10月1日現在）

年	人数（人）
昭和30年	10,573
35年	9,602
40年	8,715
45年	7,671
50年	6,856
55年	5,893
60年	5,089
平成2年	4,387
7年	3,829
12年	3,340
17年	2,929

（総務省統計局「国勢調査報告」より作成）

(2) 経済

　南牧村の産業の中心は農林業であるが、山間地の立地条件に加え、小規模経営と後継者問題という課題を抱えている。基幹産業はコンニャクの生産であるが、農産物の自由化や働き手の高齢化などにより、農家収入は年々減少傾向にある。林業は、木材価格の低迷、林業経営費の上昇などにより厳しい状況にある。しかし、近年では農林業ともに、農業体験や林業体験などの観光業との連携を模索する新しい動きが見られる。

　とくに注目を集めている産業は観光業である。南牧村は美しい自然に恵まれた山村であるため、自然志向の高まりから注目を集め、高速交通網の整備によって利便性も高まりつつある。

　また、村内には荒船山（標高1,423m）や「下仁田富士」といわれる四ツ又山（標高900m）などの低山をはじめ、三段の滝（落差50m）などのハイキングコースや遊歩道が整備されている。もっとも、車道の多くは幅員の狭い村道のため、大型路線バスが入れないうえ、宿泊施設は自然公園のほかは民宿4軒しかない。また、隣県の軽井沢町のブランドに埋没しているのが実情である。

しかし、西上州の中山間地域ならではの天体観測や農業・林業体験が楽しめるほか、コンニャク畑跡の石垣などに日本の山村の原風景、さらには中世から伝わる砥石をはじめ、炭焼きの伝統技術を生かした炭ラーメン、炭まんじゅう、消臭剤などを柱とした観光資源や特産物の開発が期待されている。

4　福祉の課題

日本一少子高齢化が進んでいる南牧村における福祉課題は山積している。

まず村内唯一の特別養護老人ホーム「さわやかホーム」は平成7年に開設されたが、定員は50人、待機者数は78人（平成22年12月16日時点）である。このホーム内には、なんもく在宅（老人）介護支援センターが設置されている。また、村役場内に直営型の地域包括支援センターが設置されているが、中山間地域に就業を希望する若者がほとんどないため、介護職員などの人材の確保が大きな課題となっている。

また、同村の介護予防・生活支援事業では、同村が社会福祉法人あらふね会及び南牧村社会福祉協議会に委託している事業として、通所型介護予防事業、地域自立生活支援事業、高齢者巡回訪問事業がある。通所型介護予防事業は、通所による健康チェック、入浴、給食、生活指導やリハビリテーション、レクリエーションなどのサービスを行っている。

このほか、地域自立生活支援事業としては、訪問介護員（ホームヘルパー）による簡易な日常生活上の援助として、外出時の援助、食事・食材の確保、家庭内の整理整頓等のサービスを行っている。高齢者巡回訪問事業としては、在宅のひとり暮らし高齢者等が安心して生活できるよう、支援することを目的に、訪問介護員による安否確認と見守りなどのための巡回訪問サービスを行っている。もっとも、これらの事業も支援の担い手の不足が大きな課題である。

一方、住民同士の支え合いなどにもとづく地域福祉の取り組みも、人口の高齢化や過疎化などの影響によって停滞しているのが現状である。また、「ふれあい・いきいきサロン」事業も斜面に家屋が点在する地形的な特徴から、1か所に人が集まって活動を展開することが難しい状況にある。

5　文化

南牧村の地域は、厳しい県境の風土に根ざした特有の文化を形成してきた。現在では、かつての農山村特有の文化も消滅しつつあるが、生涯学習センターの一角に民俗資料展示室が設置されており、星尾地区に伝わる浄瑠璃人形や生活用具、農耕、林業、生産生業、教育文化、芸能、行事など約3,000点が展示されている。また、旧盆の伝統行事として、群馬県内最大級の火祭りといわれる「大日向火とぼし」が毎年8月に催されている。

一方、黒瀧山（標高870m）に立つ黒瀧山不動寺は徳川将軍家ゆかりの山寺で、山岳信仰の霊場として有名である。とりわけ、注目されるのは、同寺の本堂で住職と住民有志によって開講されている「潮音大学」である。講師の謝金も受講料も無料というユニークな運営で、地元群馬県をはじめ、首都圏の各界の名士がボランティアで講師を務めており、"知る人ぞ知る"生涯学習講座である。

第2章　調査の概要

1　調査の目的

　福祉デザイン研究所の前身である「市町村合併と地域福祉研究会」(非営利任意団体)は、平成16年から平成18年にかけ、全国的に展開された市町村合併、いわゆる「平成の大合併」がどのように地域福祉の推進に影響を及ぼしたかを研究テーマに、合併した全市町村を対象としたアンケート調査を実施した。

　一方、「平成の大合併」に際して、近隣の市町村から合併を拒否されたのが群馬県南牧村であった。その後、村は日本一高齢化率が高く、かつ少子化率が最低となった。また、村内にある60集落のうち、43は"限界集落"という特徴の自治体である。

　そこで、本研究所では川村所長の提案を受け、南牧村において住民の生活の実態や意識を把握することにより、コミュニティ再生に向けた課題の抽出と解決のための展望を示すため、村内の全世帯（約1,200世帯）を対象とするアンケート調査及びインタビュー調査を企画した。

民家の庭

（星尾地区にて小野撮影）

2 調査の方法

(1) アンケート調査

　アンケート調査の項目では、国土交通省国土計画局総合計画課「日常生活に関するアンケート調査調査票（世帯主向け、世帯主以外の15歳以上の方向け）」（国土交通省国土計画局総合計画課「人口減少・高齢化の進んだ集落等を対象とした『日常生活に関するアンケート』（中間報告）（平成20年12月）」所収）、ならびに内閣府経済社会システム「平成21年度国民生活選好度調査調査票（平成22年4月27日公表）」を参考に、本調査独自の調査項目、選択肢等を追加して作成した。

　調査方法は、村内全世帯を対象に60分区の区長・分区長を通じた配布・回収による留め置き調査法を採用した。

　調査実施の経緯としては、まず、平成22年10月に南牧村役場職員と当研究会メンバーでアンケート調査の実施方法及び調査票の内容等について検討を行った上で、同年11月、村内全世帯に対してアンケート調査票を配布した。

村役場職員との打ち合わせ

（南牧村役場にて小野撮影）

(2) インタビュー調査

　平成23年2月に住民の生の声を把握するためのインタビュー調査を実施した。本調査における倫理的配慮として、各種関連法規、ならびに下記の一般社団法人社会調査協会倫理規程を順守した。

http://jasr.or.jp/content/members/documents/rinrikitei.pdf

　調査方法は、区長・分区長や一般の住民など対象者に応じたインタビューガイドを作成し、2時間程度の懇談会や戸別訪問方式による半構造化面接法を採用した。

　なお、本調査実施に先立ち、平成22年11月に調査項目を検討するための予備調査としてプレヒアリング調査を実施した。これは、南牧村農業祭の会場にブースを設置させていただき、農業祭来場者を対象に生活課題や支え合いの場に対する考え等についてヒアリングを行うものであった。

　調査の対象地区としては、村の奥地で旧尾沢村に該当する星尾、熊倉、砥沢地区を重点地区に位置付けた。アンケート調査やプレヒアリング調査の結果を解析したところ、これらの地区は、高齢化率が高く、かつ、ひとり暮らし高齢者が多く、住民同士による日常的な声かけや安否確認は盛んであるものの、買い物や通院などで交通に不便をきたしており、福祉サービス基盤も脆弱であることが明らかとなったためである。

区長・分区長との懇談会

（砥沢地区において野上撮影）

第3章 調査の結果

1 アンケート調査

(※詳細な調査概要及び集計結果については 25 ページ以降を参照)

(1) 回収率

アンケート調査の回収率は 64.7％である。

なお、この調査は 60 分区の区長・分区長を通じた配布・回収による留め置き調査法で行ったところであるが、われわれの調査と同時期に他のアンケート調査と重なったため、回答者のなかには回答に迷ったり、その協力に当惑したりする人もいた。また、ひとり暮らし世帯などで分区長、区長が、内容を逐一説明しながら回答していただいた例もあるなど、配布・回答・回収の各段階においてご苦労いただいた経緯もあったため、回収率に影響していたものと考えられる。

対象者数	有効回収数	有効回収率
1,114 人	721 人	64.7％

(2) 調査結果の概要

①交通環境

「日常的に使う交通手段（問 8）」については、「自分や家族の自家用車」が 73.2％で最も多く、次いで「ふるさとバス・乗合タクシー」が 30.1％であった。

これを性・年齢別に見ると、75 歳以上の女性の場合、「ふるさとバス・乗合タクシー」が 73.9％で最も多く、「自分や家族の自家用車」は 27.8％と少ない。なかでも 75 歳以上の女性はひとり暮らしであるケースが多く、家族等による車の運転が期待できないため、生活を支える公共交通機関としてのふるさとバス・乗合タクシーの重要性が増しているものと考えられる。

②消費生活

「移動手段の確保の難しさ（問 9）」については、食料品や日用品の買い物と医療機関への通院の際の困難度について分けて聞いてみた。その結果、全体としては買い物で 25.7％、医療機関への通院では 30.1％が「困難である」と回答している。

買い物と通院を比較した場合、本来であれば買い物の方がより日常的で、生活に不可欠な移動目的であるも関わらず困難を感じている人は少ない。これは本村では交通環境を補足する買い物手段として、2 つの業者の移動販売車が巡回しており、これらが有効に機能していることが影響しているものと考えられる。

また、買い物の困難度を性・年齢別に見ると、75 歳以上の女性で「困難である」が 56.1％と半数を超えている。この結果からも 75 歳以上の女性にとって移動手段の確保が生活上の課題となっている様子がうかがえる。さらに、地区別では熊倉地区では 63.7％に達しており、買い物環境における地域間格差が顕著なものとなっていることが明らかになった。

③社会福祉

「身近な地域における支え合いに関する意識（問17）」については、「とても必要である」（62.8％）と「どちらかといえば必要である」（26.6％）を合わせ、89.4％が「必要である」と回答しており、どの地域においても同様に高い割合となっている。「自分の地域における住民同士の支え合いに対する評価（問18）では、「盛んである」が50.9％、「盛んでない」が37.4％と、両者の割合は拮抗してくる。

これを地区別に見ると、「盛んである」の割合は、熊倉地区の81.8％から千原地区の30.0％まで大きな開きが見られる。千原地区は村営住宅が建設されるなど比較的若年層の住民が多く、コミュニティが成熟していないといった固有の事情はあるものの、各地区の集計結果には、奥地だから高く、中心地区だから低いといった単純な図式は当てはまらない。

同村は、村全体が同じ流域の中山間地域に存在するとはいえ、旧村単位はもとより、隣接する集落間であっても異なる歴史、生活様式を有している。このため、現在でも住民の気質や意識の違いが存在することを物語っている。言い換えれば、こうした豊かな多様性にもとづいて構成されている点が村の特徴といえる。

次に、福祉サービス環境を探るため、「生活で困ったときにあるとよいと思うサービス（問14）」についてうかがった。その結果、「通院などの送り迎え」が46.2％で最も多くなっている。これは、①で見たように、交通環境が村の大きな課題であることを反映しているものと考えられる。二番目に多かった項目は、「定期的な安否の確認」（38.6％）である。高齢化・過疎化が進展し、ひとり暮らし高齢者や夫婦のみ高齢者世帯が増加することにより、今後、ますます需要の増加が予想されるサービスといえる。

④住民意識

現在の暮らしに関しての意識を把握するための指標として、「主観的な幸福感（問7）」について聞いてみた。その結果、「とても幸せ」（33.6％）と「やや幸せ」（20.9％）を合わせて54.5％が「幸せである」と回答している。

また、0（不幸）～10（幸福）までの尺度における全体の平均値は6.51で、国が平成21年度に実施した全国調査（内閣府「平成22年度　国民生活選好度調査」）の結果（6.47）を上回っている。これを高齢化・過疎化が進行する奥地についてみて見ると、熊倉地区は5.18と低いものの、星尾地区は7.05、砥沢地区は6.55と村全体を上回っている。こうしたことから、高齢化や過疎化が進行する地域における住民の生活は、幸福度の面では一概に低いとはいえないことが明らかとなった。

次に、具体的な困りごとを把握するため、「生活する上での困りごとや不安なこと（問12）」について見て見ると、「サル・イノシシなどの獣が出没すること」が44.1％で最も多かった。第一次産業としての農業は衰退しているものの、高齢者等による自給自足的な農業はなお盛んである半面、高齢化・過疎化によって有効な獣害対策に手が回らない村の厳しい状況がうかがえる。

次いで多かったのが「近くに医療機関がないこと」（37.3％）と「いつでも自由に食料品や日用品を買えないこと」（23.4％）である。これらは、高齢化・過疎化が進む集落において、ひとり暮らし高齢者や夫婦のみ世帯の高齢者が生活を継続させるため、不可欠な要因である。

特に星尾、砥沢、羽沢、熊倉地区などの村の奥地では「近くに医療機関がないこと」

を1番目にあげており、これらの地域の生活を支えるうえで、交通手段の確保が重要な課題となっている。

　さて、今後の暮らしについて、住民はどのような意識を持っているだろうか。「定住意向（問15）」について見ると、「ぜひ将来も住み続けたい」（26.1％）と「できれば将来も住み続けたい」（49.0％）を合わせ、75.1％が"住み続けたい"と考えていることがわかった。地区別に見ると、熊倉地区では「ぜひ将来も住み続けたい」と回答した者が見られなかった点がきわだっているものの、63.6％が「できれば将来も住み続けたい」と回答している。その他の地域においても、「住み続けたい」が6～7割以上と高い傾向は、共通して見られる特徴となっている。

　「10年後の生活を考えて不安なこと（問16）」については、「近所に住んでいる人が少なくなりそう」（41.6％）が最も多く、人口減少・人口流出をいかに抑止していくかが村づくりの重要な課題となっていることがうかがえる。

　次いで多かったのが「いつでも自由に食料品や日用品を買えなくなりそう」（41.2％）、及び「近くに医療機関がなくなりそう」（32.0％）である。両者は現在の困りごとでも上位にあげられていた項目であるが、買い物環境の不安が医療環境の不安を上回っている点に着目する必要がある。すなわち、現在は移動販売車によって買い物の環境は保たれているが、それが今後とも継続される保証がないことや、高低差の激しい地形であるため、移動販売車が待機している場所まで行けなくなることで、生活が継続できなくなることを不安に感じているものと考えられる。

2　インタビュー調査

（1）予備調査（プレヒアリング調査）

①交通環境

　村外への交通は、公共交通機関としては下仁田町まで、ふるさとバスや乗合タクシーを利用する。もっとも、本数は少なく、利便性は決して高いとはいえない。車の利用については、自分や家族の他に知人に乗せてもらう形態が見られた。70代や80代でも車が運転できるうちは車を利用しているが、運転できなくなった際の不安を訴える意見も聞かれた。

②消費生活

　買い物については、通院で下仁田町に行った帰りに買って帰るか、移動販売車を利用するかのどちらかが多かった。前者については、買い物が楽しみであるという意見もあった。隣町の民間業者による移動販売車は、気軽に利用できる点では喜ばれているが、品数が少ない、また、一週間に一度では少ないなどといった意見も見られた。このほか、近隣に住む子どもが買ってきてくれるケースや生協を利用するケースも見られたが、総じて、買い物で困っているという意見は聞かれなかった。

農業祭風景

（農業祭会場にて野上撮影）

③社会福祉

　近所づきあいが盛んで、特定の仲のよい友だちと互いに行き来しており、生活の満足度は高い様子である。もっとも、加齢に伴って友達が少なくなるため、交流機会が減少していた人もいた。

　他に支え合いの具体的な取り組みとしては、地区単位で「ふれあい・いきいきサロン」が行われている。取り組み状況については、地区によって盛んなところと低調なところがあるようであった。

　住民同士の支え合いについては以前は盛んであったものの、高齢化に伴って少なくなったとのことである。半面、民生委員については「よくやってくれている」との意見が多く聞かれた。住民同士がいつでも寄ることのできる支え合いの場（たまり場や共同店）について聞いたところ、「よい」という意見と、「必要ない」といった意見に分かれた。また、支え合いの場を住民自ら運営することについても、肯定的な意見と否定的な意見の双方が見られ、必ずしも好印象ではない様子であった。

④住民意識

　村で改善が必要なところを聞いたところ、「高齢化・過疎化」や「仕事がない」、「医療機関がない」などの他に、「あきらめの言葉が多すぎる」、「上から作った組織や場所はうまくいかない」といった意見が聞かれた。

（2）本調査

①交通環境

　村の交通の便は必ずしもよくない。コミュニティバスがあるものの、定期の路線バスの本数が1日4〜5本しかない。また、奥地の集落の住民にとって、急な山の斜面を上り下りしてバス停まで歩いていくこと自体、老化の進行によって困難である。また、路線バスが少ないため、やむを得ずタクシーを使うこともあるが、この場合、タクシー代が月に1万円もかかる。このため、車の運転ができない人は日常の移動が大変である。こうした事情から、高齢であっても危険を承知で車を運転している住民も少なくない。

　病院への移動としては、距離的に近い村内の診療所よりも、ついでに他の用事を済ませることのできる下仁田町の病院に行った方が便もいい。しかし、下仁田の病院に行くと帰りの時間に大きく拘束を受ける。バスの本数が少なく、夕方のバスの時間まで待つ必要がある。

　大きな問題は、通常の通院よりも緊急時の救急搬送である。下仁田町の病院だと医師が少ないため、富岡市まで高速道路で40分かけて移動する必要がある。これだけ時間がかかると脳梗塞などの場合は間に合わない。実際、距離が遠いとうことが要因となって命を落とすこともある。例えば、「自分の女房が亡くなったとき、救急車で富岡市の総合病院に行ったが、それに間に合わなくなって、ダメになってしまった」という方もいる。

急斜面に建つ家

（熊倉地区にて野上撮影）

②消費生活

　食料は配達してもらっている。買い物は近所の人に足代を払って頼んでいる。積雪があるときは外に出られない。子どもが宅配便で日用品を送ってくれていることもある。村外での買い物をする際、1度に村外の用事を済ますため、医療機関に行く際に同時に買い物をするようになっている。村外に買い物にいくことが困難な人のため、移動販売車がきてくれる。

　この移動販売車は、星尾地区の人はよく利用している。事前にほしいものを頼んでおくと、次回に購入することができる。たくさん買った時や重いものなどは家の中まで運んでくれる。このため、買い物には困っていない。自動車の運転ができる住民は下仁田町まで行くことができる。足腰が丈夫な住民は、移動販売車まで行くことができる。しかし、それができない人々はここで生活を続けることが難しい。

　食事の手段として、南牧村社会福祉協議会による配食サービスを利用することができる。もっとも、このサービスは、1回100円と低価格であるが、月に2～3回である。その他、配食サービスとして、村内にある惣菜屋さんが1食400円～500円で行っているものがある。ホームヘルパー利用者の中でもこの配食サービスを利用している人もいる。高齢でたくさん食べないため、1食だけ頼み、昼・夜の2回に分けて食べている利用者もいる。現状として「生活困難者」はいない。生活できない人は、自宅から出て施設へ入所するか、子どもと一緒に生活するかのいずれかを選択している。

　なお、この辺りでは振り込め詐欺の被害はないが、高齢者を狙った押し売りの被害があった。ホームヘルパーとして訪問した際、消火器販売の被害を確認したため、警察に届けを出す、さらに、クーリングオフを利用することで被害に遭った高齢者の対応を行ったことがあった。

民間業者による移動販売車

（村内にて石川撮影）

③社会福祉

　南牧村は、近隣同士の人間関係が良好で住みやすいところという意見が多く寄せられた。近所とのコミュニケーションの密度が濃く、毎日のように茶飲み話をする人もいる。近隣住民が相互に訪問し合い、茶を飲む。夏季は木陰で長話をすることもある。

　近隣との交流は直接会って行うこともあるが、急勾配のため、訪問が困難な場合もある。そのような場合、電話で話すこともある。以前、通話料が無料の電話があったが、今は廃止されているため、通常の電話で交信をしている。

　しかし、南牧村は家族の結びつきはきわめて強い。たとえば、村外で居住する息子や娘が頻繁に老親のもとを訪問し、必要な物品を届けたり、電話をかけて気遣ったりしている。体が不自由になったら娘夫婦と同居することを予定している人も多い。

　このような住民であるが、多くは「自分のことを自分でできるうちは自分の家で生活したい」と思っている。自分でできなくなったら、この村を出て子どもの世話になるか、施設へ入ることを考えている。身体介助を受けながらも、自分の家に住み続けたいという気持ちはあまりない。高齢者のなかには今日でも「福祉の世話になること」に引け目を感じる人も多い。このため、役所などに「何か、こうしてほしい」などと要求はしない。自分でできるうちはひとり暮らしでも楽しく生活したいという気持ちが強いのである。この先の心配よりも、今、楽しく生活することを大切にしており、予想以上に前向きな考えではある。

　ターミナルケアについて尋ねると、自らある程度覚悟を決めている人が多い。たとえば、「家では死ねないね。病院だね。うちに帰ってくる人もいない。病院に行ってそこで死亡し、葬儀場に直接行く。それも年寄り一人きりで・・・」という住民の声があった。

　しかし、一方で「本当は生まれたところで生活して最後まで家で、というのがいい」という思いもある。子どもの家族との同居は知り合いもいないので寂しく、また、ストレスが多いため、すぐに戻ってくる人もいるようである。「遊びに行くならいい」が、実際に子ども家族と同居するとなると耐えられる人はいない。「目を瞑っていてもわかる」ような住み慣れた地域、家屋で住み続けたいと思っている。こうした密度の濃い人間関係を活用し、近隣で見守り活動が行われている。ひとり暮らしの高齢者が体調を崩したときには、隣近所の人が食べ物を持っていくこともある。

　なお、一般的にいわれているように女性はコミュニケーションに対して積極的であるが、男性は引きこもりがちである。しかし、南牧村の男性は、足腰が丈夫なうちはゲートボールやグラウンドゴルフを通じ、交流を維持しているようである。もっとも、足腰が悪くなるとこのようなスポーツもできなくなる。

　ただし、すべての地区でこのような支え合いが行われているわけではない。たとえば、砥沢地区は歴史的に金銭的には豊かであったため、伝統的に支え合いは行われてこなかったという。

　こうした支え合いを象徴する活動として、「ふれあい・いきいきサロン」があるが、南牧村ではこのサロン活動が盛んである。地区によっては毎月1回開催されており、参加する人も多い。もっとも、急勾配の地区ではサロン活動の場所まで移動するのが難しい。このため、足腰が悪い人は参加しなくなってしまう。

　現在、担当者が自家用車で送迎をしたり、または、近隣の人に協力してもらい送迎を行うなどして人集めを行っているが、網羅的にはできない。また、事故の心配もある。

こうした近所付き合いも年々減少してきていることも指摘できる。「近所同士で助け合いたいが、自分のことで精一杯」という意見もある。

ホームヘルパーは、3人のうち、1人はパート職員で、残りは常勤職員。年齢は40～50代が一人、その他は60代、60代後半。70歳が定年のため、数年後にはヘルパーが足りなくなってしまうことが心配という。ホームヘルパーのサービスの内容は、家事援助が主で身体介助はない。要介護度が高く身体介助が必要な利用者は現在のところ、いない。また、要介護認定を受けていてもサービスを利用できない人もかなりいる。

ちなみに、村では、60人の職員が手分けをして60の集落を担当する「1集落担当制度」を平成22年4月に導入、区長や分区長と連携し、行政情報の周知徹底を図っているが、職員の約4割は村外に在住しているせいか、住民とのコミュニケーションは今いちである。また、「高齢者見守り制度」も導入しているが、2人暮らしの高齢者世帯はその対象外となっているなど、いずれも整備・拡充はこれからである。このため、「2人暮らしでも高齢の場合、見守り制度が重要」という意見があった。

④住民意識

南牧村のインタビュー調査を通して浮かび上がってきたのは、多くの人々が将来に対して悲観的な考えがない、ということである。住民の言葉を借りれば、「流れに任せればよい」、「成り行き」ということである。今後、現状のままではさらに高齢化が進行することは避けられないため、集落の消滅の懸念もあるかも知れないが、悲観的にならずに済むのは、人間関係にもとづく支え合いが確立しているがゆえの強味ではないか、と思われる。現に、平成19年、台風第9号に見舞われ、村内の道路や河川は寸断され、山・崖崩れもあって住民のライフラインはマヒしたが、上流の集落の住民が下流の集落の住民に避難するよう、自宅に迎えるなどの助け合いが行われた結果、ただの1人の犠牲者も出さなかったことはつとに知られている。

また、南牧村のより積極的な生活上のストレングス（強さ）に関し、「お金がかからない」という象徴的な言葉があった。これは多くの家庭では自宅で畑を耕しており、「食べるものには困らない」のである。ぜいたくさえしなければ、「国民年金だけどでも十分に生活できる」とのことであった。

第4章　あすの南牧村の地域再生のために（提言）

1　デマンド型交通の導入の検討

　　　南牧村では過疎化による急激な乗降客の減少により、平成7年に県道を走っていた上信電鉄バスの全面的な路線の撤退があった。その後、コミュニティバスとして南牧村が地元タクシー会社に委託し、上信電鉄下仁田駅との乗合路線バスを継承した。

　また、山間部の中腹にある集落と上信電鉄下仁田駅を結ぶ交通として、南牧村は乗合タクシーを同タクシー会社に委託した。利用客の大半は、下仁田町に向かう通院・買い物を目的とした高齢者と通学する高校生である。下仁田町は高崎市と結ぶ上信電鉄の起点となる駅があり、町内には厚生病院、公立高校がある。さらに、下仁田駅から上信電鉄で20分ほどのところに、この地の中核都市である富岡市があり、市内には中核病院や公立高校がある。南牧村の住民にとっては、下仁田町や富岡市は生活圏であり、これらを結ぶ交通は住民の生活を守るインフラである。

　しかし、年々利用客は減りつつある。南牧村と同じように自治体がタクシー会社に委託してコミュニティバスとしてバス路線を維持している事例として、山形市明治地区、福島県飯豊町、栃木県高根沢町があるが、いずれも住民参加による運営協議会を設置し、かつ運営から運行の企画に住民も参画して利用者を着実に増やすなど、バス路線を住民の力で維持・運営している。

　今後、生活交通の維持には地元タクシー会社に丸投げをするのではなく、住民参加による運営が必要である。たとえば、よく限界集落で行われている生活交通として、利用客の予約に応じ、住民参加による運行経路や時刻表を設定しないデマンド型交通の導入を検討してもよいのではないか、と思われる。このデマンド型交通の導入により、住民を玄関まで送迎することが可能となる。そうすることで車の免許を持たず、足腰の弱くなった高齢者の「生活の足」として機能することが期待される。

乗り合い路線バス及び乗り合いタクシーの概要

①乗合路線バス

最近1か月の利用客数は平成20年現在、1,700人余りで、路線は1本、便数は平日の場合、1日17便となっている。

補助金は年間で群馬県から300万〜400万円、南牧村から1,200万円となっており、補助金の占める費用は3分の2に及んでいる。

車輌は2台で、10人乗りのワゴン車である。運行は地元タクシー会社に委託しているが、車輌及び自動車保険、燃料はすべて村役場で費用を支出している。村が地元タクシー会社に乗合路線バスを委託した理由は、地元の産業であるタクシー会社の撤退を防止するためであった。

②乗合タクシー

乗合タクシーは、県道を走る路線バスから外れた山間部の中腹にある集落と下仁田駅を直接結ぶものであり、南牧村が地元タクシー会社に委託している。村の補助金は、年1,000万円である。

車輌は2台で10人乗りのワゴン車である。各集落を週2回運行しており、1か月の利用客は500人弱である。集落の大半は限界集落と化しており、一部の集落は高齢化率90％に及んでいるところから利用客の大部分は高齢者で、利用目的は主に通院・買物である。

運賃は距離によって相違するが、最低100円〜最高500円で、老齢基礎年金の受給者でも十分に支払うことができる費用である。

しかし、利用客は高齢化率の急激な進行により、高齢者の入院・死亡などが増え、年々減少している。

乗合路線バス　　　　　　乗合タクシー

（いずれも村内にて島津撮影）

2　"御用聞き"サービスのシステム化

　アンケート調査の結果でみたように、「移動手段の確保の難しさ（問9）」については、買い物が「困難である」と回答した割合はそれほど高くはないものの、買い物以外の医療機関への通院のための移動などの方が困難と考える割合は高い。この原因としてはいくつか考えられるが、インタビューで明らかになったように、村外に「買い物」のためだけに出かけることが少ないことがあげられる。すなわち、買物を主たる目的として移動するのではなく、通院など「何かのついで」として行くことになっているようである。

　ところで、このように買い物が移動の副次的な目的として位置づけられてしまう理由としては、食料品をスーパーで買う人が少ないこともあげられるだろう。インタビューで明らかになったことであるが、米以外の野菜などは住民個人の畑で採れたり、近隣住民から分けてもらうことも多く、スーパーで買うものは調味料など、畑で採れないものに限定される。また、不十分な交通インフラのため、自家用車を持たない高齢者家族などでは頻繁に下仁田町や富岡市に出かけることは難しいことから、必然的に他の用事とセットで買い物を済ませてしまうと考えられる。このような本村特有の事情から買い物が移動の主目的になりにくいのではないか、と考えられる。

　また、住民の「買い物」の便で重要な役割を果たしているのが移動販売車である。この移動販売車は、隣町の下仁田町の民間事業者が毎週1回、定期的に集落を巡回して食料品を販売しており、車での移動ができない住民の買い物を保障するインフラとなっている。さらに、通常、販売していない希少な品物を事前に注文で受け付けたり、重たい物を玄関先まで運んだりするなど、住民のニーズに合わせて臨機応変に対応することのできる"ライフライン"ともなっている。

　しかし、この移動販売車も、足腰が不自由になった高齢者にとっては十分な買い物の選択肢とはいえない。それは、勾配のきつい斜面に家が点在する本村においては、足腰が不自由になった高齢者にとって、わずか数十メートルであっても徒歩で移動することが困難なためである。とりわけ、降雪のある冬季には路面が凍結するため、勾配のきつい斜面を歩くことは危険を伴う。インタビューの結果からも、歩けなくなったら地域で生活をすることはできないという声が寄せられている。

　以上のような買い物環境を踏まえたうえで、提言できる方策としては、町中のスーパーマーケットやコンビニエンスストアなどと提携した商品のピッキング及び自宅までの宅配をセットにした"御用聞き"サービスのシステム化である。住民は、カタログをみて必要な商品のリストを担当者に渡し、それにしたがって、商品を自宅まで宅配するサービスをシステマティックに展開することで、足腰が不自由になった高齢者でも買い物に不自由する心配がない。

　これは先ほどの「交通環境」で言及したオンデマンド交通と一体的に展開したり、見守り活動や栄養指導などの保健サービスと連携することで、より包括的なシステムになるのではないかと思われる。

3　住民による地産地消の店舗兼宅老所の運営

　南牧村の住民の特性や地理的条件を踏まえたうえで考えうる支え合い、及び福祉サービスとして提案できることは、ひとり暮らし高齢者などの孤立化の防止のための見守り活動のシステム化である。

　すでに紹介したように、現在の南牧村においてもインフォーマル・サービスでありながらも孤立化の防止のための見守りが実施されている。しかし、現状の対象者はひとり暮らし高齢者に限定されているため、配偶者など他の家族と同居している高齢者は対象になっていない。

　そこで、いわゆる「老々介護」、あるいは「認認介護」が一般化するなか、「家族」を全体として見守る必要があるだろう。こうした実践は単に孤立化を防止するだけでなく、予防的に虐待などの家族問題に向き合っていくことにもなる。

　なお、インタビュー調査から明らかになったことであるが、ひとり暮らし高齢者などの孤立化の防止のための見守りは、南牧村の地理的条件を踏まえたうえで、方法論の点において再検討する必要があるかも知れない。

　具体的には、「高齢者が高齢者を支える」ことが一般化している南牧村において、勾配のきつい斜面を冬季に歩行で移動して「見守る」というのは支援者にも負担であり、かつ危険も伴う。この点を踏まえると、たとえば、電話やメール、さらにはソーシャルネットワーキングサービス（SNS）などのICT（情報通信技術）の活用が考えられるだろう。ICTが媒介する「緩やかなつながり」により、プライバシーを保護したうえでの見守り活動の展開が可能になる。ICTの活用は時間と場所を超えることができることから、たとえば、首都圏の若者が傾聴ボランティアとして見守ることもできるだろう。

　また、ひとり暮らし高齢者などの孤立化の防止という観点だけでなく、介護予防の観点からも注目される「ふれあい・いきいきサロン」についても、現行の実施のあり方をよりよいものに改めていく必要があるだろう。勾配のきつい斜面に家が点在する南牧村の地理的条件を踏まえると、一か所に集まってのサロン活動は、今後、実施が一層困難になることが予測される。南牧村でのサロン活動を考える際、この集会の困難さに注目する必要がある。

　この困難を克服するためには、送迎サービスをシステム化することが考えられる。現状ではボランティアの自家用車によるインフォーマルな送迎が行われているが、事故の心配や人員の確保などの問題がある。サロン活動を南牧村の福祉サービスの重要な事業と位置づけ、システム化することで、ひとり暮らし高齢者などの孤立化の防止の観点からも、また、介護予防の観点からも意義のある制度となるのではないか、と考える。

　その意味で、沖縄県下で見られるような住民有志の自主運営による地産地消の店舗兼高齢者、安否確認など宅老所の機能を併せ持つ共同店の開設、運営などで限界集落・自治体の地域コミュニティ再生など、地域福祉活動の可能性を探っていくことが期待されるものと思われる。

4　福祉の産業化及びコミュニティビジネスによる人材の確保

　次に、福祉の産業化による人材の確保についてである。

　上述したように、南牧村の現状の福祉サービスは深刻な人材不足に悩まされている。このため、複数名の専門職が村外から南牧村に通っている現状である。

　そこで、今後、この村外から専門職を補っている現状を逆手にとり、福祉サービスを南牧村の"基幹産業"として位置づけるということである。同村への居住を条件に近隣の自治体より賃金を高く設定することで、労働者人口を呼びこむことができるのではないだろうか。このことにより、同村の福祉サービスが充実するだけでなく、雇用創出により地域活性化、ひいては人口高齢化の進行を遅らせたり、若者世帯の増加によって少子化に歯止めをかけることも可能であろう。幸い、同村は豊かな自然環境のある山紫水明の利点がある。加えて、質の高い福祉サービスを"売り"にすることで、福祉産業として十分成立するのではないか、と考えられる。

　また、住民の有志や都市住民に対し、「大日向火とぼし」をはじめ、黒滝山不動寺における「潮音大学」の定期的な開講、炭焼きや炭うどん打ち体験、荒船山や四ツ又山などの低山・滝めぐりツアー、学校など公共施設の跡、民家の空き家などを林間学校の宿舎として改修し、地元群馬県や首都圏の大学や短大などの研修施設や都市住民の田舎暮らし用のコテージなどとして企画、運営してもらうべく、NPO活動への事業資金を助成し、コミュニティビジネス、あるいはソーシャルビジネスとして地域活性化を図ることも一考ではないか。

　ただし、集落の「消滅」を回避する方策として、都市部の人口流入による活性化が考えられる。星尾地区などの一部では、都市部の住民が定着しているなどの実績がある。

　しかし、都会の方が中山間地域に済むのはそう簡単ではない。住民の言葉を借りれば、「自然を求めて」とか、「老後の余生を過ごすため」という個人的な都合で村に来て、権利だけを主張するだけでは「生活」はできない。「生活」には人間関係が重要である。「都会でのお付き合いができないから田舎にくる」では「生活」はできないのである。

　また、都会の人の移住には水洗トイレのための浄化槽などの設備の問題もある。空き家を活用するためには、トイレなどの水周りの改造費がかなりかかる。村からの補助も20万円出ることになったが、それだけではとても足りない。

5　社会資源の有効活用によるコミュニティ再生

　今回のアンケート調査で明らかなように、南牧村住民の幸福度は 6.51 で、国が平成 21 年度に実施した全国調査（内閣府「平成 22 年度　国民生活選好度調査」）の結果（6.47）よりも高い。

　また、インタビュー調査から明らかになったように、住民はおおむね楽観的で、悲壮感はただよってはいない。さらに、「困っていること」を聞いても、「問題」として語られる事柄もほとんど見当たらない。このような調査結果について、どのように考えることができるだろうか。

　まず考えられるのは、南牧村の住民の「幸福」に対する価値基準が大きく異なるものと思われる。同村では、金銭的、物質的な豊かさに大きな価値を見出さず、自然、近隣住民・家族との人間関係、住み慣れた生活に価値をおいていると考えられる。この点について今回の分析では十分に明らかにできなかったが、今後の課題としたい。

　　また、同村の住民気質も大きく影響しているように思われる。住民へのインタビューでは、多くの人から「我慢強い」という特徴があげられた。県境の厳しい風土に耐えてきた先人から受け継いだ伝統といえよう。

　こうした住民気質は「限界化」という厳しい現実に能動的に対峙するのではなく、「流れに任せればよい」、「成り行きだね」という言葉に象徴される受動的な態度として表れている、といえよう。これは「誇りの空洞化」（小田切 2009）と言い切ることのできないストレングス（強さ）を感じることができる。さらにいえば、「『弱さ』のちから」（鷲田 2001）と表現できるような控え目な「力（power）」なのかも知れない。本研究会メンバーは、住民を対象にしたアンケート調査とインタビュー調査を通し、逆に、エンパワーされる場面が何度もあったことを付言しておきたい。

　しかし、このような住民気質だけでは「限界化」という大きな力に抗うことは困難である。この点については、どのような提言ができるだろうか。そのためには、上述した住民気質を踏まえたうえで、「住民主体」の意識を高めていく何らかの"仕掛け"が必要であろう。また、この"仕掛け"には、同村が持っている社会資源の積極的な開発と有効活用が不可欠である。

　南牧村の最大の社会資源は山紫水明の豊かな自然である。澄んだ水と空気、炭などの山林資源はもとより、黒瀧山不動寺や歴史の刻まれた石垣、「大日向火とぼし」など、有形無形の伝統文化財や歴史、遺産などが豊富である。また、今では空き家となった古民家や廃校となった小学校などもある。

　しかも、このような社会資源の積極的な開発と有効活用を行っていくためのリーダーになりうるインフォーマルな人材も少なからず存在する。平成 22 年 4 月、地元南牧村商工会の青年部など、中高年の有志で設立した「明日の南牧を創る会」などはその例である。もっとも、現状ではこうした将来の南牧村づくりのリーダーとなるべき地域活動はネットワーク化されておらず、効果的な展開には結びついていないのが実態である。

　したがって、今後、こうしたインフォーマルな人材の活動と行政の取り組みがネットワーク化され、一体的なコミュニティ再生事業に取り組んでいくことで、限界集落・自治体を超えた地域コミュニティ再生に向けた活路が見出せるのではないだろうか。南牧

村役場をはじめ、地元関係者の「新しい公共」としての"地域の自治力"、及び"福祉力"に期待するとともに、「地域主権」と叫ばれているなか、群馬県及び国による中山間地域に対する財政的な支援に期待するものである。

資料編

資料1　アンケート調査結果の内容

序　調査の概要

(1) 調査の目的
　　この調査は、人口の高齢化・過疎化が進みつつある南牧村で、村民がいつまでも安心して暮らしていける村づくりのあり方を探るため、厚生労働省所管の独立行政法人福祉医療機構社会福祉振興助成事業の助成を受けて実施するものです。

(2) 調査の対象者
　　南牧村に居住する世帯主全員

(3) 調査の方法
　　分区長を通じた配布・回収（留置法）

(4) 調査基準日及び調査期間
　　調査基準日：平成22年11月1日
　　調 査 期 間：平成22年11月1日（月）～平成22年11月24日（水）

(5) 回収結果

対象者数	有効回収数	有効回収率
1,114人	721人	64.7%

(6) 報告書を見る際の留意点

①回答率について
1) 比率はすべて百分率で表し、小数点以下第2位を四捨五入して算出しました。このため、比率の合計は100％を上下することがあります。
2) 一人の回答者が2つ以上の回答をすることができる設問（複数回答）では、比率の合計が100％を上回ることがあります。

②表記について
1) 図表及び文章中で、選択肢を一部省略して用いています。
2) 文章中で選択肢を引用する場合は「　」を用いています。また、いくつかの選択肢を合わせて一つのまとまりとする場合は"　"で囲んで表記しています。
3) 帯グラフでは、3％未満の数値の記載を省略しています。

資料編

1 回答者の属性

1-1 居住地区（問1）

> 問1 あなたはどちらの地区（分区）にお住まいですか。次の1～60の中からあてはまるものに1つ○を付けてください。

「磐戸」、「小沢」、「雨沢」が多い

居住地区については、「磐戸」が11.1％で最も多く、次いで「小沢」が10.0％、「雨沢」が9.6％で続いています。

表　居住地区

区　　分		人　（％）
回答者総数		721 (100.0)
旧尾沢村	砥沢	45 (6.2)
	星尾	44 (6.1)
	羽沢	37 (5.1)
	熊倉	11 (1.5)
旧月形村	大日向	35 (4.9)
	雨沢	69 (9.6)
	六車	37 (5.1)
	住吉	40 (5.5)
	大仁田	36 (5.0)
旧磐戸村	小沢	72 (10.0)
	大塩沢一	53 (7.4)
	大塩沢二	46 (6.4)
	千原	30 (4.2)
	磐戸	80 (11.1)
	桧沢	52 (7.2)
無回答		34 (4.7)

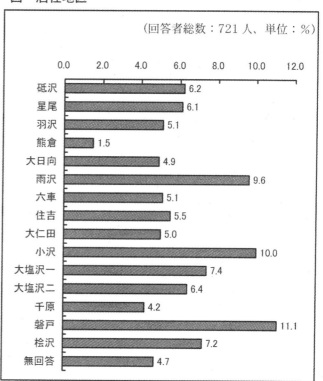

図　居住地区

1-2 年齢（問2）

> 問2 あなたはおいくつですか。（満年齢でお答えください）。

"75歳以上"が41.0％

年齢については、「75～85歳」が35.5％で最も多く、これに「85歳以上」の5.5％を加えると41.0％が"75歳以上"となっています。

表　年齢

区　　分	人　（％）
回答者総数	721 (100.0)
40歳代以下	39 (5.4)
50～64歳	168 (23.3)
65～74歳	197 (27.3)
75～85歳	256 (35.5)
85歳以上	40 (5.5)
無回答	21 (2.9)

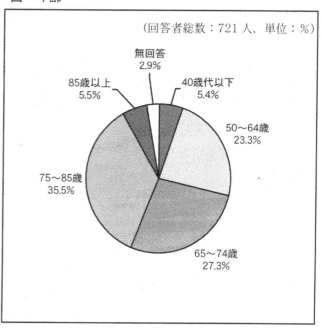

図　年齢

※分区別の回答者数について

調査票では60分区で回答していただいたものを、集計段階において15地区に集約しました。15地区はさらに3つの旧村単位に分類することができます。

60分区における回答者数は次のとおりです。

表　60分区における回答者数と15地区及び旧村単位への分類結果

①旧尾沢村

区　分	回答者総数
回答者総数	721 (100.0)
旧尾沢村	137 (19.0)
砥沢	45 (6.2)
日向下	10 (1.4)
日向中	6 (0.8)
日向上	6 (0.8)
田	6 (0.8)
日影下	8 (1.1)
日影上	9 (1.2)
星尾	44 (6.1)
下星尾	9 (1.2)
仲庭	16 (2.2)
小倉道場	7 (1.0)
大上下	8 (1.1)
大上上	4 (0.6)
羽沢	37 (5.1)
羽根沢	12 (1.7)
勧能下	8 (1.1)
勧能中	12 (1.7)
勧能上	5 (0.7)
熊倉	11 (1.5)
熊倉下	5 (0.7)
熊倉上	6 (0.8)

②旧月形村

区　分	回答者総数
旧月形村	217 (30.1)
大日向	35 (4.9)
大日向	10 (1.4)
門礼	17 (2.4)
宮ノ平	8 (1.1)
雨沢	69 (9.6)
森下	25 (3.5)
日影雨沢	18 (2.5)
田ノ平	13 (1.8)
日向雨沢	13 (1.8)
六車	37 (5.1)
中棚	13 (1.8)
万地	22 (3.1)
日向	2 (0.3)
住吉	40 (5.5)
山仲	8 (1.1)
下底瀬下	11 (1.5)
下底瀬上	10 (1.4)
底瀬	11 (1.5)
大仁田	36 (5.0)
久保	7 (1.0)
峯	12 (1.7)
落合	10 (1.4)
奥ノ萱	7 (1.0)

③旧磐戸村

区　分	回答者総数
旧磐戸村	333 (46.2)
小沢	72 (10.0)
下叶屋	14 (1.9)
上叶屋	24 (3.3)
野々上	6 (0.8)
日向	5 (0.7)
峯	10 (1.4)
日影	13 (1.8)
大塩沢一	53 (7.4)
塩沢	26 (3.6)
小塩沢	17 (2.4)
黒滝	10 (1.4)
大塩沢二	46 (6.4)
大久保	17 (2.4)
下高原	20 (2.8)
上高原	9 (1.2)
千原	30 (4.2)
大千原	11 (1.5)
上千原	19 (2.6)
磐戸	80 (11.1)
東磐戸一	16 (2.2)
東磐戸二	5 (0.7)
中磐戸	20 (2.8)
西磐戸	15 (2.1)
桧平	17 (2.4)
押	7 (1.0)
桧沢	52 (7.2)
堂所	18 (2.5)
萱	4 (0.6)
沢	16 (2.2)
大倉	11 (1.5)
大入道	3 (0.4)
無回答	34 (4.7)

1-3　性別（問3）

> 問3　あなたの性別はどちらですか。

「男性」が59.1％

性別については、「男性」が59.1％、「女性」が34.3％となっています。

表　性別

区　分	人（％）
回答者総数	721 (100.0)
男性	426 (59.1)
女性	247 (34.3)
無回答	48 (6.7)

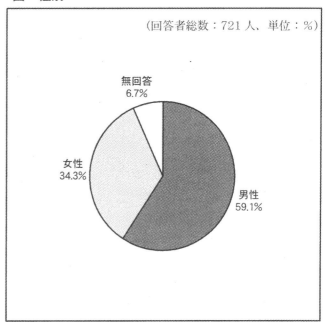

図　性別

（回答者総数：721人、単位：％）

（参考）性・年齢（問2・問3を基に作成）

女性は年齢層が低いほど少ない

問2・問3の結果をクロス集計し、性・年齢を求めたところ、「男性・75歳以上」が21.5％で最も多く、次いで「男性・65歳未満」が20.7％で続いています。

また、女性は年齢層が低くなるほど回答者が少なくなる傾向が見られ、「女性・65歳未満」は8.0％となってます。

表　性・年齢

区　分	人（％）
回答者総数	721 (100.0)
男性	426 (59.1)
男性・65歳未満	149 (20.7)
男性・65〜74歳	120 (16.6)
男性・75歳以上	155 (21.5)
女性	247 (34.3)
女性・65歳未満	58 (8.0)
女性・65〜74歳	71 (9.8)
女性・75歳以上	115 (16.0)
無回答	53 (7.4)

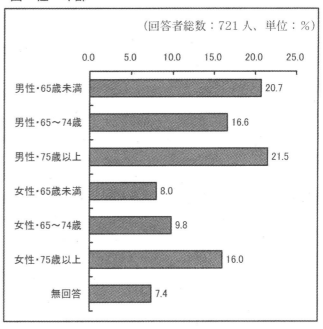

図　性・年齢

（回答者総数：721人、単位：％）

【地区別】

これを地区別に見ると、大日向地区、雨沢地区、千原地区及び大塩二地区では「男性・65歳未満」の割合が30％以上と比較的高くなっています。

また、熊倉地区では「女性・75歳以上」が45.5％となっているなど、地区による格差が見られます。

表　地区別に見た性・年齢　　　　　　　　　　　　　　　　　　　　　　　　　　（単位：％）

区分		男性			女性			無回答	回答者総数（人）
		65歳未満	65～74歳	75歳以上	65歳未満	65～74歳	75歳以上		
回答者総数（全体）		20.7	16.6	21.5	8.0	9.8	16.0	7.4	721
地区別	砥沢	6.7	15.6	31.1	2.2	13.3	20.0	11.1	45
	星尾	2.3	18.2	34.1	11.4	13.6	15.9	4.5	44
	羽沢	16.2	13.5	24.3	0.0	8.1	29.7	8.1	37
	熊倉	9.1	0.0	9.1	18.2	18.2	45.5	0.0	11
	大日向	37.1	14.3	22.9	20.0	0.0	2.9	2.9	35
	雨沢	40.6	14.5	14.5	5.8	15.9	4.3	4.3	69
	六車	10.8	29.7	13.5	8.1	8.1	27.0	2.7	37
	住吉	15.0	17.5	22.5	10.0	12.5	15.0	7.5	40
	大仁田	8.3	5.6	36.1	8.3	11.1	25.0	5.6	36
	小沢	29.2	18.1	16.7	6.9	12.5	12.5	4.2	72
	大塩沢一	18.9	20.8	26.4	3.8	11.3	15.1	3.8	53
	大塩沢二	30.4	15.2	26.1	8.7	4.3	10.9	4.3	46
	千原	40.0	10.0	16.7	6.7	3.3	16.7	6.7	30
	磐戸	16.3	15.0	21.3	13.8	7.5	18.8	7.5	80
	桧沢	17.3	30.8	17.3	9.6	11.5	11.5	1.9	52
	無回答	14.7	8.8	5.9	0.0	2.9	17.6	50.0	34

1-4　主な職業（問4）

問4　あなたの主な職業はどれですか。（1つに○）

「無職」が53.0％

主な職業は「無職」が53.0％で最も多く、次いで「会社員」が12.2％、「自営業（農林業以外）」が10.5％で続いています。

表　主な職業

区分	人（％）
回答者総数	721（100.0）
無職	382（ 53.0）
会社員	88（ 12.2）
自営業（農林業以外）	76（ 10.5）
農業	65（ 9.0）
公務員	14（ 1.9）
団体・組合職員	11（ 1.5）
林業	10（ 1.4）
学生	0（ 0.0）
その他	48（ 6.7）
無回答	27（ 3.7）

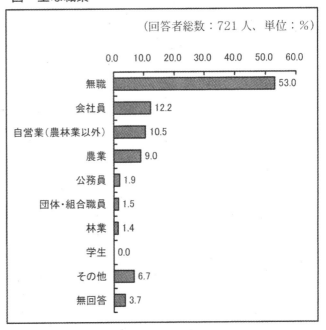

図　主な職業

1-5 家族構成（問5）

問5　あなたの家族構成はどれですか。（1つに○）

"ひとり暮らしまたは夫婦のみ"が61.2%

家族構成については、「ひとり暮らし」が26.1%、「夫婦のみ」が35.1%であり、これらを合わせると61.2%が"ひとり暮らしまたは夫婦のみ"と回答しています。

表　家族構成

区分	人（％）
回答者総数	721 (100.0)
ひとり暮らし	181 (25.1)
夫婦のみ	253 (35.1)
うち夫婦とも75歳以上	96 (13.3)
うち上記以外	147 (20.4)
二世代同居	170 (23.6)
三世代同居	43 (6.0)
その他	21 (2.9)
無回答	63 (8.7)

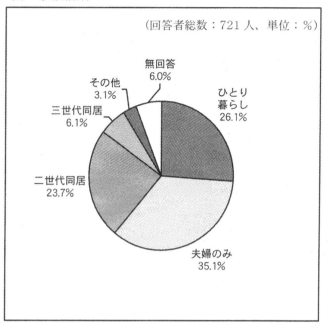

図　家族構成

【性・年齢別】

これを性・年齢別に見ると、男性の65歳以上では「夫婦のみ」の割合が高く、女性の65歳以上では「ひとり暮らし」の割合が高くなっています。

図　性・年齢別に見た家族構成

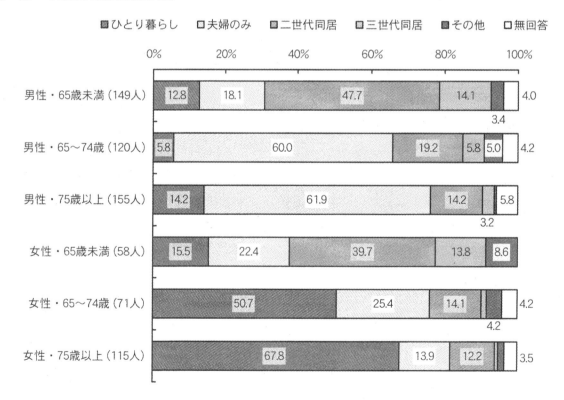

【地区別】

これを地区別に見ると、熊倉地区ではひとり暮らしの割合が他の地区に比べて高くなっています。

また、「ひとり暮らし」または「夫婦のみ」を合わせた割合は熊倉地区で90.9％、大日向地区で42.8％と2倍以上の開きがあり、地区による格差が見られます。

図　地区別に見た家族構成　　　　　　（※「ひとり暮らし」または「夫婦のみ」の割合が高い順）

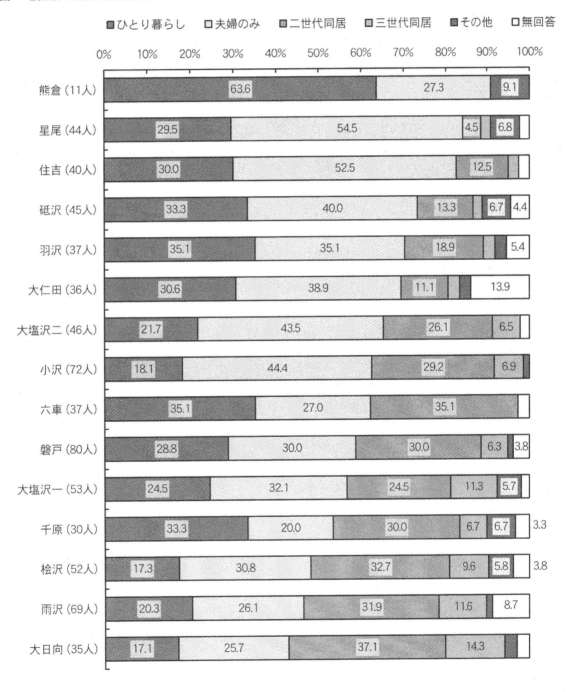

1-6 収入構造（問6）

> 問6 同居している家族の収入も合わせた世帯全体の収入のうち多いものはどれですか。一番多いものに"1"、二番目に多いものに"2"、三番目に多いものに"3"を付けてください。

一番多い収入としては「厚生年金」、「勤め先収入」及び「国民年金」がほぼ同じ

収入構造については、一番多いものとしては「厚生年金」が27.5％で最も多く、次いで「勤め先収入」が23.9％、「国民年金」が23.7％で続いており、これら3項目がほぼ同じとなっています。

また、二番目に多いものとしては「国民年金」が20.7％、「厚生年金」が14.6％で続いています。

図　収入構造

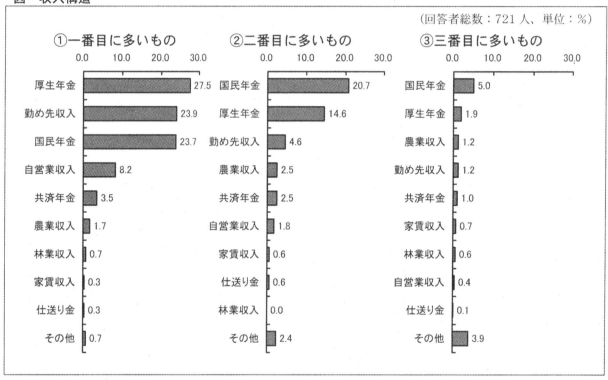

(回答者総数：721人、単位：％)

表　収入構造

①一番目に多いもの

区分	人（％）
回答者総数	721 (100.0)
厚生年金	198 (27.5)
勤め先収入	172 (23.9)
国民年金	171 (23.7)
自営業収入	59 (8.2)
共済年金	25 (3.5)
農業収入	12 (1.7)
林業収入	5 (0.7)
家賃収入	2 (0.3)
仕送り金	2 (0.3)
その他	5 (0.7)
無回答	70 (9.7)

②二番目に多いもの

区分	人（％）
回答者総数	721 (100.0)
国民年金	149 (20.7)
厚生年金	105 (14.6)
勤め先収入	33 (4.6)
農業収入	18 (2.5)
共済年金	18 (2.5)
自営業収入	13 (1.8)
家賃収入	4 (0.6)
仕送り金	4 (0.6)
林業収入	0 (0.0)
その他	17 (2.4)
無回答	360 (49.9)

③三番目に多いもの

区分	人（％）
回答者総数	721 (100.0)
国民年金	36 (5.0)
厚生年金	14 (1.9)
農業収入	9 (1.2)
勤め先収入	9 (1.2)
共済年金	7 (1.0)
家賃収入	5 (0.7)
林業収入	4 (0.6)
自営業収入	3 (0.4)
仕送り金	1 (0.1)
その他	28 (3.9)
無回答	605 (83.9)

（参考）収入構造の組み合わせパターン（問6を基に作成）

「国民年金のみ」、「国民年金・厚生年金」、「厚生年金のみ」が多い

問6①～③の回答構成から組み合わせのパターンに分類し集計したところ、「国民年金」が14.3％で最も多く、次いで「国民年金・厚生年金」が13.3％、「厚生年金のみ」が12.6％で続いています。

図　収入構造の主な組み合わせパターン　　　　　　　　　（※上位10項目のみ抜粋）

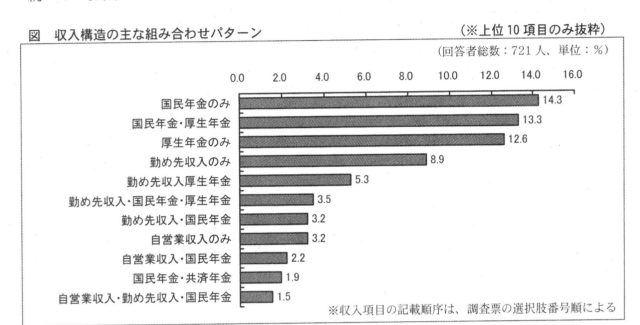

（回答者総数：721人、単位：%）

※収入項目の記載順序は、調査票の選択肢番号順による

表　収入構造の主な組み合わせパターン別集計結果

区　分	人	（％）
回答者総数	721	(100.0)
国民年金のみ	103	(14.3)
国民年金・厚生年金	96	(13.3)
厚生年金のみ	91	(12.6)
勤め先収入のみ	64	(8.9)
勤め先収入厚生年金	38	(5.3)
勤め先収入・国民年金・厚生年金	25	(3.5)
勤め先収入・国民年金	23	(3.2)
自営業収入のみ	23	(3.2)
自営業収入・国民年金	16	(2.2)
国民年金・共済年金	14	(1.9)
自営業収入・勤め先収入・国民年金	11	(1.5)
厚生年金・その他	9	(1.2)
勤め先収入・共済年金	8	(1.1)
勤め先収入・国民年金・その他	7	(1.0)
国民年金・厚生年金・共済年金	7	(1.0)
国民年金・厚生年金その他	6	(0.8)
農業収入・厚生年金	6	(0.8)
農業収入国民年金・厚生年金	6	(0.8)
農業収入・勤め先収入・国民年金	6	(0.8)
自営業収入・厚生年金	5	(0.7)
農業収入・国民年金・その他	5	(0.7)
勤め先収入・厚生年金・その他	4	(0.6)
自営業収入・勤め先収入	4	(0.6)
自営業収入・国民年金・その他	4	(0.6)
勤め先収入・国民年金・共済年金	4	(0.6)
厚生年金・共済年金	4	(0.6)
農業収入・国民年金	4	(0.6)
その他	3	(0.4)
勤め先収入・厚生年金・家賃収入	3	(0.4)
林業収入のみ	3	(0.4)
国民年金・その他	3	(0.4)
農業収入・勤め先収入	3	(0.4)
勤め先収入・厚生年金・共済年金	3	(0.4)
勤め先収入・国民年金・家賃収入	2	(0.3)
勤め先収入・その他	2	(0.3)
林業収入・国民年金・家賃収入	2	(0.3)
共済年金・その他	2	(0.3)
自営業収入・国民年金・厚生年金	2	(0.3)
共済年金のみ	2	(0.3)
仕送り金のみ	2	(0.3)
農業収入・国民年金・共済年金	2	(0.3)
農業収入・自営業収入・国民年金	2	(0.3)
勤め先収入・共済年金・その他	1	(0.1)
厚生年金・家賃収入	1	(0.1)
林業収入・国民年金・厚生年金	1	(0.1)
林業収入・自営業収入・厚生年金	1	(0.1)
林業収入・厚生年金	1	(0.1)
国民年金・家賃収入	1	(0.1)
国民年金・仕送り金・その他	1	(0.1)
自営業収入・その他	1	(0.1)
自営業収入・勤め先収入その他	1	(0.1)
自営業収入・勤め先収入家賃収入	1	(0.1)
自営業収入・勤め先収入厚生年金	1	(0.1)
自営業収入・厚生年金家賃収入	1	(0.1)
農業収入・勤め先収入厚生年金	1	(0.1)
農業収入・厚生年金その他	1	(0.1)
農業収入・林業収入	1	(0.1)
勤め先収入・国民年金仕送り金	1	(0.1)
勤め先収入厚生年金・仕送り金	1	(0.1)
厚生年金・仕送り金	1	(0.1)
国民年金・仕送り金	1	(0.1)
自営業収入共済年金	1	(0.1)
自営業収入国民年金共済年金	1	(0.1)
農業収入	1	(0.1)
農業収入・厚生年金・共済年金	1	(0.1)
無回答	69	(9.6)

1-7 主観的な幸福度（問7）

> 問7 現在、あなたはどの程度幸せですか。「とても幸せ」を10点、「とても不幸」を0点とすると、何点くらいになると思いますか。いずれかの数字を1つだけ○で囲んでください。

"幸せ"が54.5%

主観的な幸福度については「とても幸せ（8～10点）」が33.6％で最も多くなっています。これに「やや幸せ（6～7点）」（20.9％）を加えると54.5％が"幸せ"と回答しています。

表　主観的な幸福度

区分	人（％）
回答者総数	721 (100.0)
とても不幸（0～2点）	16 (2.2)
0点	0 (0.0)
1点	9 (1.2)
2点	7 (1.0)
やや不幸（3～4点）	61 (8.5)
3点	28 (3.9)
4点	33 (4.6)
どちらでもない（5点）	215 (29.8)
やや幸せ（6～7点）	151 (20.9)
6点	58 (8.0)
7点	93 (12.9)
とても幸せ（8～10点）	242 (33.6)
8点	119 (16.5)
9点	33 (4.6)
10点	90 (12.5)
無回答	36 (5.0)

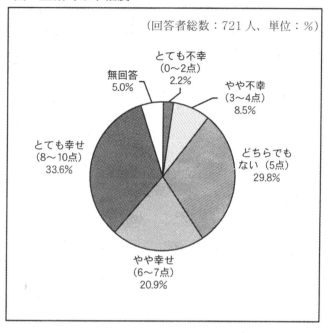

図　主観的な幸福度

【性・年齢別】

これを性・年齢区別に見ると、男性では65～74歳から75歳以上にかけて"幸せ"の割合が低くなっており、女性では年齢層が高くなるほど"幸せ"の割合が低くなる傾向がみられます。

図　性・年齢別に見た主観的な幸福度

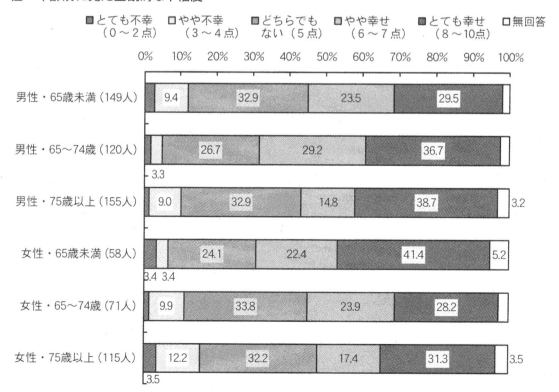

【地区別】

これを地区別に見ると、熊倉地区では他の地区に比べて「とても幸せ」の割合が低く、「どちらでもない」の割合が突出して高くなっています。

図 地区別に見た主観的な幸福度 （※「とても幸せ」の割合が高い順）

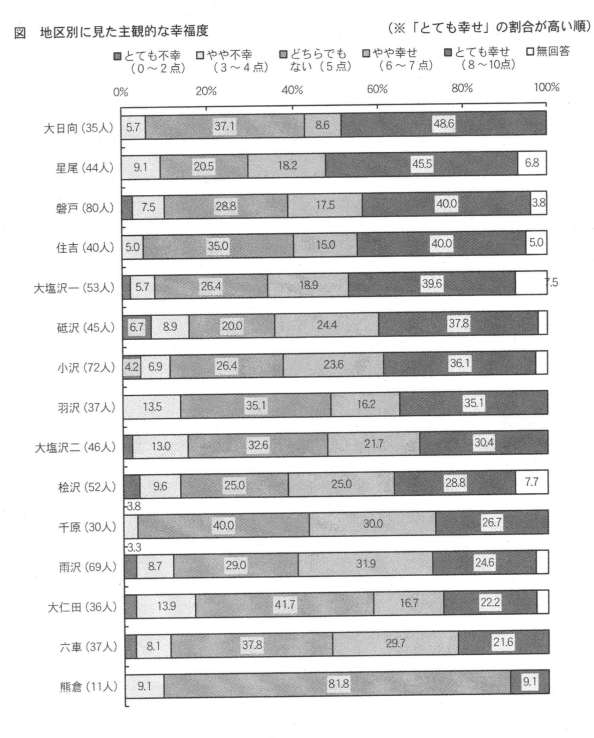

2 移動手段や近所づきあいについて

2-1 日常的に使う交通手段（問8）

問8　あなたや家族が日常的に使う移動手段はどれですか。あてはまるものすべてに○を付けてください。

「自分や家族の自家用車」が最も多い

日常的に使う交通手段については、「自分や家族の自家用車」が73.2％で最も多く、次いで「ふるさとバス・乗合タクシー」が30.1％で続いています。

また、「徒歩のみ」は12.5％で、3番目に割合の高い項目となっています。

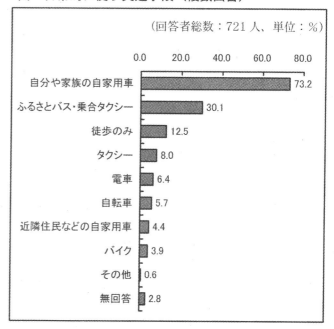

図　日常的に使う交通手段（複数回答）

表　日常的に使う交通手段（複数回答）

区　分	人（％）
回答者総数	721 (100.0)
自分や家族の自家用車	528 (73.2)
ふるさとバス・乗合タクシー	217 (30.1)
徒歩のみ	90 (12.5)
タクシー	58 (8.0)
電車	46 (6.4)
自転車	41 (5.7)
近隣住民などの自家用車	32 (4.4)
バイク	28 (3.9)
その他	4 (0.6)
無回答	20 (2.8)

【性・年齢別】

これを性・年齢別に見ると、女性の75歳以上は「自分や家族の自家用車」が27.8％と低く、「ふるさとバス・乗合タクシー」が73.9％と際立って高くなっています。

また、女性は各年齢層で「徒歩のみ」の割合が比較的高くなっています。

表　性・年齢別に見た日常的に使う交通手段（複数回答）　　　　　　　　　　　　　（単位：％）

区　分		徒歩のみ	自転車	バイク	自分や家族の自家用車	近隣住民などの自家用車	タクシー	ふるさとバス・乗合タクシー	電車	その他	無回答	回答者総数（人）
回答者総数（全体）		12.5	5.7	3.9	73.2	4.4	8.0	30.1	6.4	0.6	2.8	721
性・年齢別	男性・65歳未満	8.1	6.7	2.7	94.6	4.7	6.0	15.4	7.4	0.7	1.3	149
	男性・65～74歳	7.5	5.8	5.8	93.3	1.7	4.2	10.0	4.2	0.0	2.5	120
	男性・75歳以上	13.5	8.4	5.2	71.6	3.2	9.7	27.1	3.9	1.3	3.9	155
	女性・65歳未満	19.0	1.7	3.4	93.1	3.4	5.2	15.5	6.9	0.0	0.0	58
	女性・65～74歳	14.1	4.2	2.8	66.2	4.2	8.5	38.0	8.5	1.4	0.0	71
	女性・75歳以上	21.7	3.5	0.9	27.8	9.6	15.7	73.9	11.3	0.0	3.5	115
	無回答	3.8	5.7	7.5	58.5	3.8	3.8	35.8	1.9	0.0	9.4	53

【地区別】

これを地区別に見ると、羽沢地区及び熊倉地区では「自分や家族の自家用車」の割合が低く、「ふるさとバス・乗合タクシー」の割合が高くなっています。

また、大仁田地区及び桧沢地区では「徒歩のみ」の割合がやや高くなっています。

表　地区別に見た日常的に使う交通手段（複数回答）　　　　　　　　　　　　　（単位：％）

区　分		徒歩のみ	自転車	バイク	自分や家族の自家用車	近隣住民などの自家用車	タクシー	ふるさとバス・乗合タクシー	電車	その他	無回答	回答者総数（人）
回答者総数（全体）		12.5	5.7	3.9	73.2	4.4	8.0	30.1	6.4	0.6	2.8	721
地区別	砥沢	17.8	11.1	6.7	62.2	8.9	6.7	33.3	6.7	0.0	2.2	45
	星尾	13.6	4.5	2.3	72.7	6.8	2.3	31.8	0.0	0.0	2.3	44
	羽沢	10.8	2.7	2.7	51.4	2.7	0.0	45.9	2.7	0.0	2.7	37
	熊倉	9.1	0.0	0.0	54.5	0.0	27.3	63.6	18.2	0.0	0.0	11
	大日向	11.4	20.0	2.9	94.3	2.9	5.7	22.9	8.6	0.0	2.9	35
	雨沢	15.9	2.9	0.0	79.7	4.3	8.7	29.0	10.1	1.4	4.3	69
	六車	10.8	8.1	0.0	75.7	0.0	8.1	32.4	2.7	0.0	0.0	37
	住吉	5.0	0.0	10.0	67.5	7.5	5.0	30.0	7.5	0.0	5.0	40
	大仁田	22.2	0.0	8.3	63.9	8.3	27.8	38.9	11.1	0.0	0.0	36
	小沢	11.1	12.5	2.8	79.2	5.6	11.1	29.2	15.3	2.8	0.0	72
	大塩沢一	5.7	3.8	5.7	79.2	3.8	5.7	26.4	3.8	0.0	3.8	53
	大塩沢二	4.3	0.0	6.5	78.3	4.3	6.5	19.6	0.0	0.0	2.2	46
	千原	13.3	6.7	6.7	76.7	0.0	3.3	16.7	6.7	0.0	6.7	30
	磐戸	12.5	8.8	2.5	78.8	0.0	5.0	22.5	3.8	0.0	2.5	80
	桧沢	19.2	1.9	3.8	76.9	9.6	15.4	30.8	7.7	1.9	1.9	52
	無回答	14.7	0.0	2.9	47.1	2.9	2.9	44.1	0.0	0.0	8.8	34

2-2 移動手段の確保の難しさ（問9）

問9　あなたは、普段の買い物や通院の際に、移動手段を容易に確保できますか。（1つに○）

(1) 食料品や日用品の買い物の困難度

"困難である"は 25.7％

食料品や日用品の買い物については「特に困難ではない」が 70.0％となっています。

一方、「やや困難である」が 19.6％、「とても困難である」が 6.1％であり、これらを合わせると 25.7％が"困難である"と回答しています。

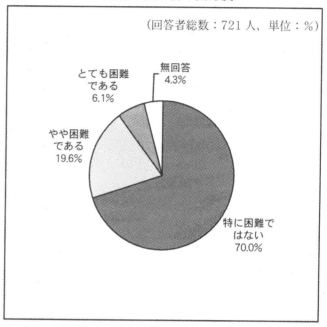

図　食料品や日用品の買い物の困難度

表　食料品や日用品の買い物の困難度

区分	人（％）
回答者総数	721 (100.0)
特に困難ではない	505 (70.0)
やや困難である	141 (19.6)
とても困難である	44 (6.1)
無回答	31 (4.3)

【性・年齢別】

これを性・年齢別に見ると、男性は 65～74 歳から 75 歳以上にかけて"困難である"の割合が高くなっており、女性は年齢層が高くなるにつれて"困難である"の割合が高くなっています。

その結果、女性の 75 歳以上では合わせて 46.1％が"困難である"と回答しています。

図　性・年齢別に見た食料品や日用品の買い物の困難度

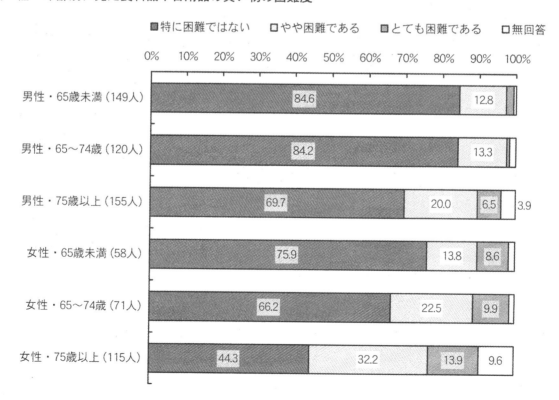

【地区別】

これを地区別に見ると、熊倉地区では"困難である"の割合が63.7％と高く、大日向地区では14.3％にとどまるなど、地区による格差が大きくなっています。

また、六車地区、大仁田地区、羽沢地区、桧沢地区も"困難である"の割合が比較的高くなっています。

図　地区別に見た食料品や日用品の買い物の困難度　　（※「特に困難ではない」の割合が高い順）

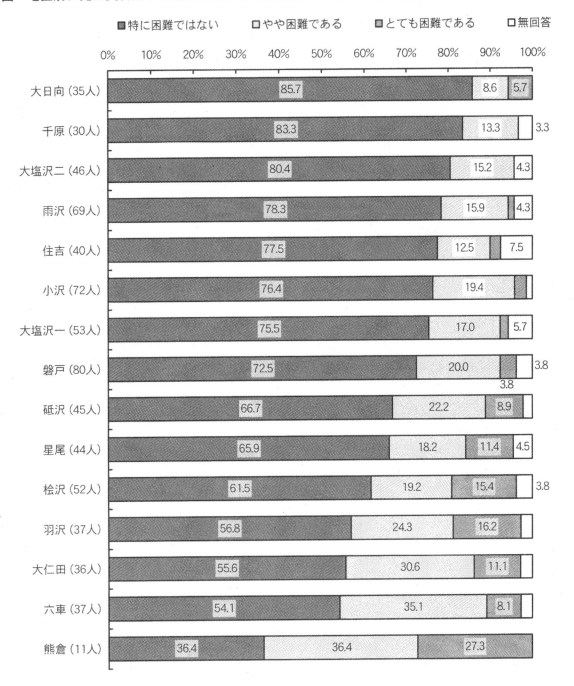

(2) 病院・診療所への通院の困難度

"困難である"は30.1%

病院・診療所への通院については「特に困難ではない」が65.3%であり、食料品や日用品の買い物に比べて割合がやや低くなっています。

一方、「やや困難である」が23.7%、「とても困難である」が6.4%であり、これらを合わせると29.7%が"困難である"と回答しています。

表 病院・診療所への通院の困難度

区分	人（％）
回答者総数	721 (100.0)
特に困難ではない	471 (65.3)
やや困難である	171 (23.7)
とても困難である	46 (6.4)
無回答	33 (4.6)

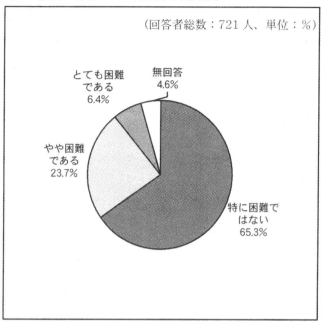

図 病院・診療所への通院の困難度

【性・年齢別】

これを性・年齢別に見ると、女性の75歳以上では"困難である"が合わせて55.6%と高くなっています。

図 性・年齢別に見た病院・診療所への通院の困難度

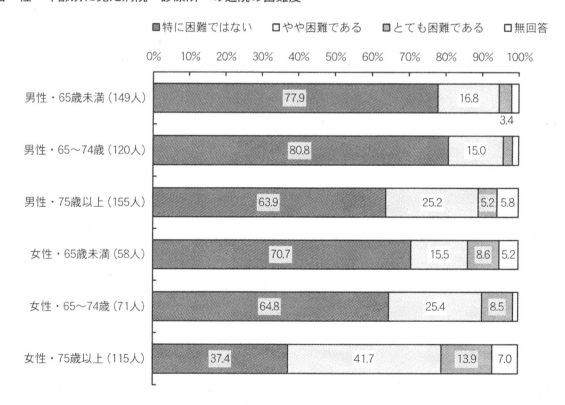

【地区別】

これを地区別に見ると、熊倉地区では"困難である"の割合が合わせて63.7％と高い一方で、大日向地区では20.0％にとどまるなど、地区による格差が大きくなっています。

また、六車地区、大仁田地区、星尾地区、羽沢地区も"困難である"の割合が比較的高くなっています。

図　地区別に見た病院・診療所への通院の困難度　　（※「特に困難ではない」の割合が高い順）

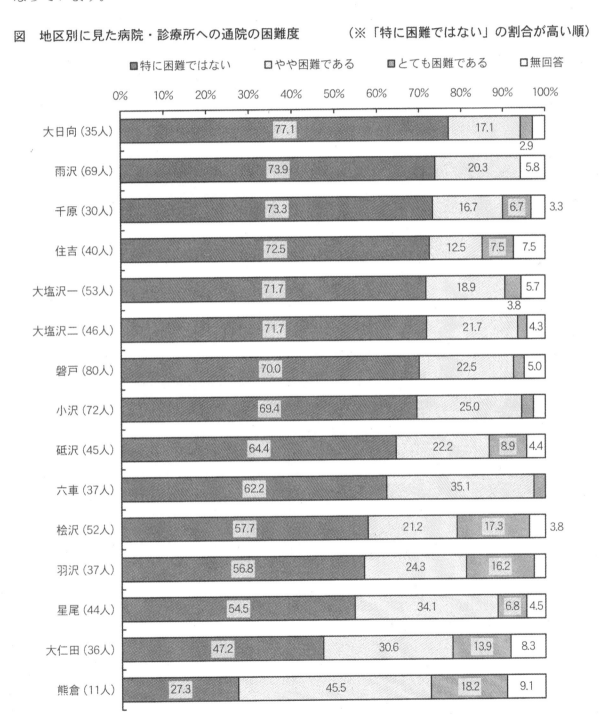

資料編

2-3 他人との交流頻度（問10）

> 問10 あなたは、ふだんどの程度、人（同居の家族も含む）と話をしますか。電話やEメールも含めてお答えください。（1つに○）

"週1回以下"が10.8%

他人との交流頻度については、「毎日」が74.3%で最も多くなっています。

一方、「1週間に1回程度」が6.1%、「1か月に2～3回程度」が3.2%、「1か月に1回以下・ほとんど話をしない」が1.5%であり、これらを合わせると10.8%が"週1回以下"と回答しています。

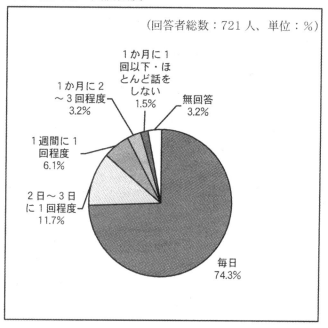

図 他人との交流頻度

表 他人との交流頻度

区分	人（％）
回答者総数	721（100.0）
毎日	536（ 74.3）
2日～3日に1回程度	84（ 11.7）
1週間に1回程度	44（ 6.1）
1か月に2～3回程度	23（ 3.2）
1か月に1回以下・ほとんど話をしない	11（ 1.5）
無回答	23（ 3.2）

【性・年齢別】

これを性・年齢別に見ると、男性は65～74歳から75歳以上にかけて"週1回以下"の割合が高くなっており、女性は年齢層が高くなるにつれて"週1回以下"の割合が高くなっています。

その結果、女性の75歳以上では"週1回以下"が46.1%にのぼっています。

図 性・年齢別に見た他人との交流頻度

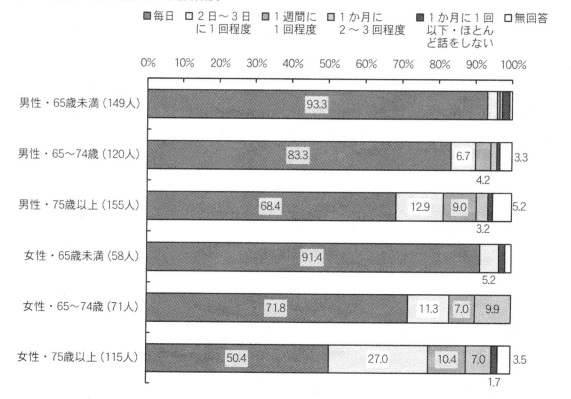

【地区別】

これを地区別に見ると、小沢地区や大日向地区、雨沢地区、大塩沢二地区などでは「毎日」の割合が80％以上と高くなっており、熊倉地区、星尾地区、住吉地区などでは「毎日」の割合がやや低くなっています。

図　地区別に見た他人との交流頻度　　　　　　　　　（※「毎日」の割合が高い順）

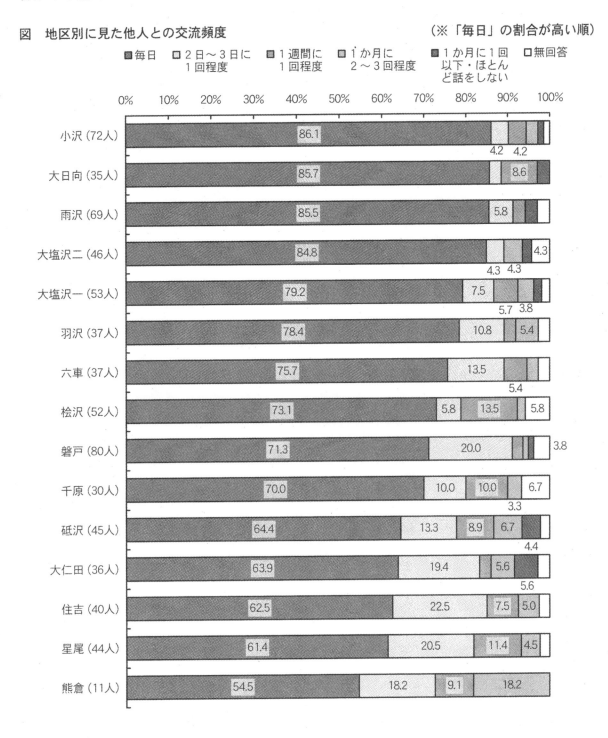

2-4 普段話をする人（問11）

> 問11 問10でお答えになった、ふだん話をする人は、どのような人ですか。あてはまるものすべてに○を付けてください。

「同じ集落」か「同居している家族等」

普段話をする人について聞いたところ、「隣近所や同じ集落の人」が64.1％で最も多く、次いで「同居している家族・親戚」が63.7％で続いており、この二つが主な項目となっています。

表　普段話をする人（複数回答）

区分	人（％）
回答者総数	721 (100.0)
隣近所や同じ集落の人	462 (64.1)
同居している家族・親戚	459 (63.7)
同居していない家族・親戚	275 (38.1)
集落外の友人、知人	271 (37.6)
役場などの職員	44 (6.1)
ホームヘルパー（訪問介護員）	23 (3.2)
民生委員	23 (3.2)
その他	59 (8.2)
いない	4 (0.6)
無回答	21 (2.9)

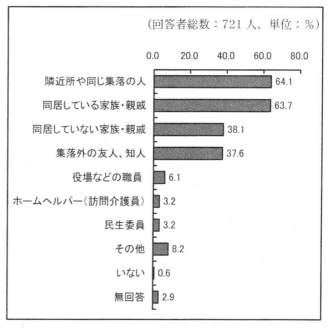

図　普段話をする人（複数回答）　（回答者総数：721人、単位：％）

【性・年齢別】

これを性・年齢別に見ると、女性では年齢層が高くなるほど「集落外の友人、知人」の割合が低くなり、替わって「隣近所や同じ集落の人」が高くなる傾向が見られます。

その結果、女性の65歳以上では「同居している家族・親戚」の割合が低く、「隣近所や同じ集落の人」が最も高い項目となっています。

表　性・年齢別に見た普段話をする人　（単位：％）

区分		同居している家族・親戚	同居していない家族・親戚	隣近所や同じ集落の人	集落外の友人、知人	ホームヘルパー（訪問介護員）	民生委員	役場などの職員	その他	いない	無回答	回答者総数（人）
回答者総数（全体）		63.7	38.1	64.1	37.6	3.2	3.2	6.1	8.2	0.6	2.9	721
性・年齢別	男性・65歳未満	83.2	24.2	55.0	38.9	0.7	1.3	6.7	18.8	1.3	1.3	149
	男性・65～74歳	82.5	41.7	65.0	46.7	1.7	0.8	6.7	5.8	0.0	3.3	120
	男性・75歳以上	69.0	41.9	61.9	34.2	3.9	4.5	9.0	1.9	0.6	3.9	155
	女性・65歳未満	75.9	41.4	51.7	53.4	0.0	0.0	5.2	17.2	0.0	0.0	58
	女性・65～74歳	45.1	43.7	74.6	36.6	2.8	5.6	2.8	5.6	0.0	1.4	71
	女性・75歳以上	22.6	49.6	80.9	28.7	9.6	7.8	5.2	3.5	0.0	3.5	115
無回答		50.9	22.6	56.6	26.4	1.9	0.0	1.9	5.7	1.9	7.5	53

【地区別】

これを地区別に見ると、熊倉地区及び六車地区で「隣近所や同じ集落の人」の割合が比較的高くなっています。

一方、羽沢地区、住吉地区及び千原地区では「隣近所や同じ集落の人」の割合が比較的低くなっています。

表　地区別に見た普段話をする人（複数回答）　　　　　　　　　　　　　　　　　（単位：％）

区分		同居している家族・親戚	同居していない家族・親戚	隣近所や同じ集落の人	集落外の友人、知人	ホームヘルパー（訪問介護員）	民生委員	役場などの職員	その他	いない	無回答	回答者総数（人）
回答者総数（全体）		63.7	38.1	64.1	37.6	3.2	3.2	6.1	8.2	0.6	2.9	721
地区別	砥沢	51.1	28.9	64.4	42.2	0.0	2.2	6.7	4.4	2.2	4.4	45
	星尾	61.4	40.9	61.4	38.6	0.0	2.3	2.3	9.1	0.0	2.3	44
	羽沢	48.6	32.4	48.6	40.5	13.5	5.4	8.1	8.1	0.0	2.7	37
	熊倉	18.2	36.4	81.8	36.4	9.1	0.0	9.1	0.0	0.0	0.0	11
	大日向	80.0	54.3	65.7	62.9	0.0	2.9	8.6	5.7	0.0	0.0	35
	雨沢	73.9	37.7	66.7	43.5	0.0	1.4	7.2	8.7	0.0	2.9	69
	六車	64.9	43.2	75.7	43.2	13.5	10.8	13.5	8.1	0.0	0.0	37
	住吉	57.5	27.5	52.5	35.0	2.5	5.0	7.5	5.0	0.0	7.5	40
	大仁田	50.0	30.6	66.7	27.8	8.3	2.8	11.1	8.3	0.0	2.8	36
	小沢	77.8	44.4	68.1	43.1	1.4	5.6	6.9	9.7	1.4	1.4	72
	大塩沢一	62.3	39.6	69.8	32.1	1.9	3.8	3.8	5.7	0.0	1.9	53
	大塩沢二	67.4	41.3	67.4	32.6	0.0	0.0	2.2	13.0	2.2	2.2	46
	千原	56.7	26.7	53.3	16.7	3.3	3.3	3.3	20.0	0.0	3.3	30
	磐戸	60.0	40.0	63.8	28.8	2.5	1.3	1.3	7.5	0.0	1.3	80
	桧沢	76.9	42.3	63.5	44.2	5.8	1.9	5.8	9.6	0.0	5.8	52
	無回答	58.8	32.4	58.8	29.4	0.0	2.9	8.8	2.9	2.9	8.8	34

資料編

3 生活の困りごとについて

3-1 生活する上での困りごとや不安なこと（問12）

問12 生活する上でお困りのこと・不安なことはありますか。次の中から主なもの3つ以内に○を付けてください。

「獣が出没すること」や「医療機関がないこと」などが多い

生活する上での困りごとや不安なことについては、「サル、イノシシなどの獣が出没すること」が44.1％で最も高く、次いで「近くに医療機関がないこと」が37.3％、「いつでも自由に食料品や日用品を買えないこと」が23.4％で続いています。

図 生活する上での困りごとや不安なこと（複数回答）

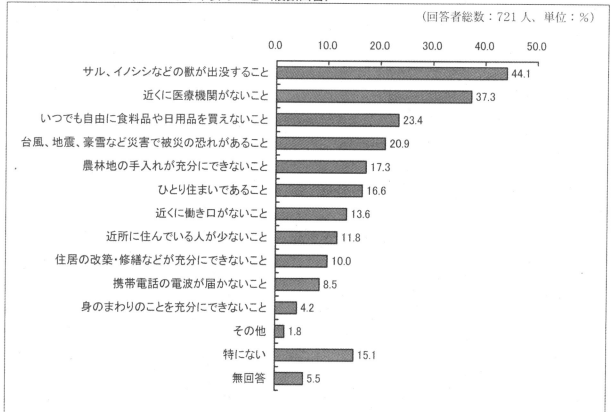

単位：人（％）

区　　分	回答者総数	65歳未満	65～74歳	75歳以上
回答者総数	721 (100.0)	207 (100.0)	197 (100.0)	296 (100.0)
サル、イノシシなどの獣が出没すること	318 (44.1)	76 (36.7)	95 (48.2)	138 (46.6)
近くに医療機関がないこと	269 (37.3)	74 (35.7)	79 (40.1)	112 (37.8)
いつでも自由に食料品や日用品を買えないこと	169 (23.4)	42 (20.3)	38 (19.3)	86 (29.1)
台風、地震、豪雪など災害で被災のおそれがあること	151 (20.9)	44 (21.3)	43 (21.8)	62 (20.9)
農林地の手入れが充分にできないこと	125 (17.3)	44 (21.3)	27 (13.7)	52 (17.6)
ひとり住まいであること	120 (16.6)	11 (5.3)	27 (13.7)	81 (27.4)
近くに働き口がないこと	98 (13.6)	67 (32.4)	16 (8.1)	12 (4.1)
近所に住んでいる人が少ないこと	85 (11.8)	16 (7.7)	19 (9.6)	46 (15.5)
住居の改築・修繕などが充分にできないこと	72 (10.0)	30 (14.5)	19 (9.6)	19 (6.4)
携帯電話の電波が届かないこと	61 (8.5)	31 (15.0)	16 (8.1)	14 (4.7)
身のまわりのことを充分にできないこと	30 (4.2)	8 (3.9)	8 (4.1)	14 (4.7)
その他	13 (1.8)	5 (2.4)	6 (3.0)	2 (0.7)
特にない	109 (15.1)	24 (11.6)	47 (23.9)	36 (12.2)
無回答	40 (5.5)	9 (4.3)	8 (4.1)	18 (6.1)

【性・年齢別】

これを性・年齢別に見ると、女性の65歳以上では他の性・年齢層に比べて「医療機関がないこと」や「ひとり住まいであること」の割合が高くなっています。

さらに、女性の75歳以上になると「食料品や日用品を買えないこと」の割合が高くなっています。

表　性・年齢別に見た生活する上での困りごとや不安なこと（複数回答）　　　　（単位：％）

	区分	いつでも自由に食料品や日用品を買えないこと	近くに医療機関がないこと	近くに働き口がないこと	携帯電話の電波が届かないこと	農林地の手入れが充分にできないこと	住居の改築・修繕などが充分にできないこと	サル、イノシシなどの獣が出没すること	台風、地震、豪雪など災害で被災の恐れがあること	身のまわりのことを充分にできないこと	ひとり住まいであること	近所に住んでいる人が少ないこと	その他	特にない	無回答	回答者総数（人）
	回答者総数（全体）	23.4	37.3	13.6	8.5	17.3	10.0	44.1	20.9	4.2	16.6	11.8	1.8	15.1	5.5	721
性・年齢別	男性・65歳未満	20.1	36.2	33.6	12.8	24.2	15.4	40.3	19.5	4.0	4.7	7.4	2.0	10.7	5.4	149
	男性・65～74歳	16.7	39.2	10.8	6.7	13.3	10.0	46.7	25.0	1.7	4.2	11.7	3.3	27.5	5.0	120
	男性・75歳以上	23.2	36.8	5.2	6.5	22.6	7.1	54.8	18.7	3.9	9.7	16.8	0.6	14.8	6.5	155
	女性・65歳未満	20.7	34.5	29.3	20.7	13.8	12.1	27.6	25.9	3.4	6.9	8.6	3.4	13.8	1.7	58
	女性・65～74歳	23.9	42.3	2.8	9.9	14.1	9.9	53.5	16.9	8.5	31.0	7.0	1.4	16.9	1.4	71
	女性・75歳以上	37.4	42.6	2.6	2.6	13.9	6.1	36.5	22.6	6.1	47.8	13.9	0.9	8.7	5.2	115
	無回答	20.8	22.6	9.4	3.8	7.5	9.4	39.6	18.9	1.9	22.6	15.1	1.9	13.2	15.1	53

【地区別】

これを地区別に見ると、「獣が出没すること」は六車地区や桧沢地区、大仁田地区で多く見られます。

また、「日用品を買えないこと」及び「医療機関がないこと」は羽沢地区、熊倉地区、六車地区などで多く見られます。

表　地区別に見た生活するうえでの困りごとや不安なこと（複数回答）　　　　（単位：％）

	区分	いつでも自由に食料品や日用品を買えないこと	近くに医療機関がないこと	近くに働き口がないこと	携帯電話の電波が届かないこと	農林地の手入れが充分にできないこと	住居の改築・修繕などが充分にできないこと	サル、イノシシなどの獣が出没すること	台風、地震、豪雪など災害で被災の恐れがあること	身のまわりのことを充分にできないこと	ひとり住まいであること	近所に住んでいる人が少ないこと	その他	特にない	無回答	回答者総数（人）
	回答者総数（全体）	23.4	37.3	13.6	8.5	17.3	10.0	44.1	20.9	4.2	16.6	11.8	1.8	15.1	5.5	721
地区別	砥沢	40.0	44.4	6.7	6.7	15.6	11.1	35.6	17.8	4.4	22.2	8.9	4.4	17.8	4.4	45
	星尾	27.3	47.7	6.8	2.3	6.8	2.3	45.5	13.6	4.5	11.4	25.0	4.5	13.6	6.8	44
	羽沢	37.8	64.9	5.4	10.8	5.4	2.7	37.8	10.8	0.0	24.3	27.0	2.7	10.8	2.7	37
	熊倉	36.4	63.6	18.2	54.5	9.1	0.0	45.5	27.3	0.0	54.5	27.3	0.0	0.0	0.0	11
	大日向	17.1	34.3	22.9	2.9	22.9	17.1	48.6	28.6	0.0	8.6	2.9	2.9	20.0	0.0	35
	雨沢	18.8	55.1	20.3	1.4	20.3	15.9	44.9	13.0	5.8	14.5	1.4	0.0	18.8	2.9	69
	六車	32.4	51.4	10.8	8.1	8.1	10.8	73.0	5.4	2.7	21.6	5.4	2.7	8.1	2.7	37
	住吉	15.0	37.5	15.0	7.5	25.0	7.5	42.5	32.5	0.0	17.5	7.5	0.0	10.0	7.5	40
	大仁田	33.3	41.7	11.1	0.0	22.2	11.1	61.1	19.4	2.8	11.1	25.0	2.8	19.4	5.6	36
	小沢	11.1	18.1	13.9	4.2	29.2	11.1	43.1	27.8	12.5	9.7	9.7	0.0	16.7	5.6	72
	大塩沢一	11.3	22.6	18.9	7.5	22.6	15.1	47.2	32.1	3.8	18.9	7.5	0.0	15.1	5.7	53
	大塩沢二	21.7	37.0	19.6	43.5	19.6	6.5	39.1	30.4	2.2	6.5	15.2	0.0	13.0	6.5	46
	千原	13.3	23.3	20.0	3.3	20.0	16.7	20.0	13.3	3.3	20.0	13.3	0.0	13.3	10.0	30
	磐戸	33.8	25.0	13.8	6.3	12.5	1.3	28.8	13.8	2.5	23.8	8.8	0.0	26.3	3.8	80
	桧沢	23.1	40.4	9.6	5.8	13.5	11.5	63.5	26.9	5.8	11.5	11.5	7.7	3.8	7.7	52
	無回答	14.7	23.5	2.9	8.8	11.8	17.6	38.2	20.6	2.9	20.6	17.6	2.9	11.8	17.6	34

資料編

図 地区別に見た生活するうえでの困りごとや不安なこと生活するうえでの困りごとや不安なこと（複数回答）

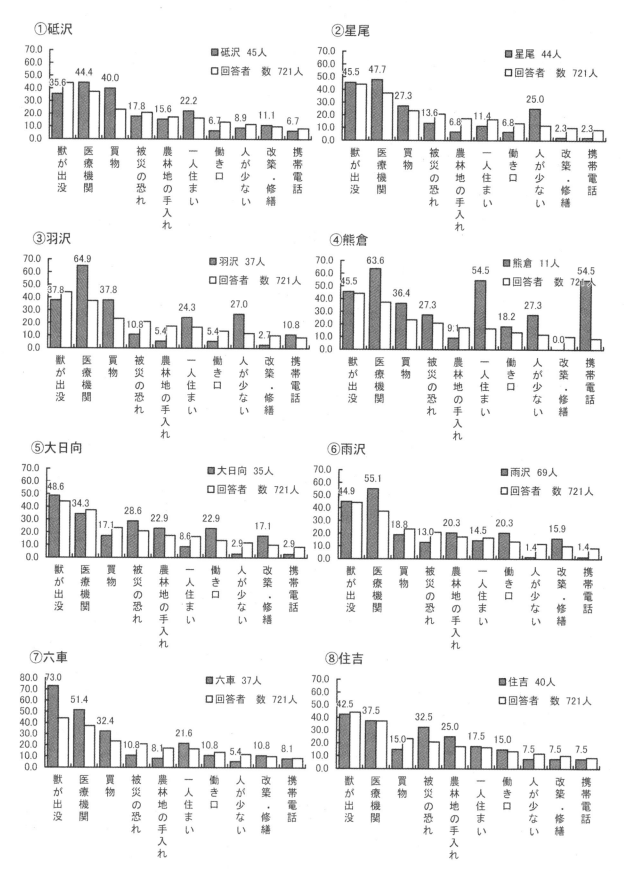

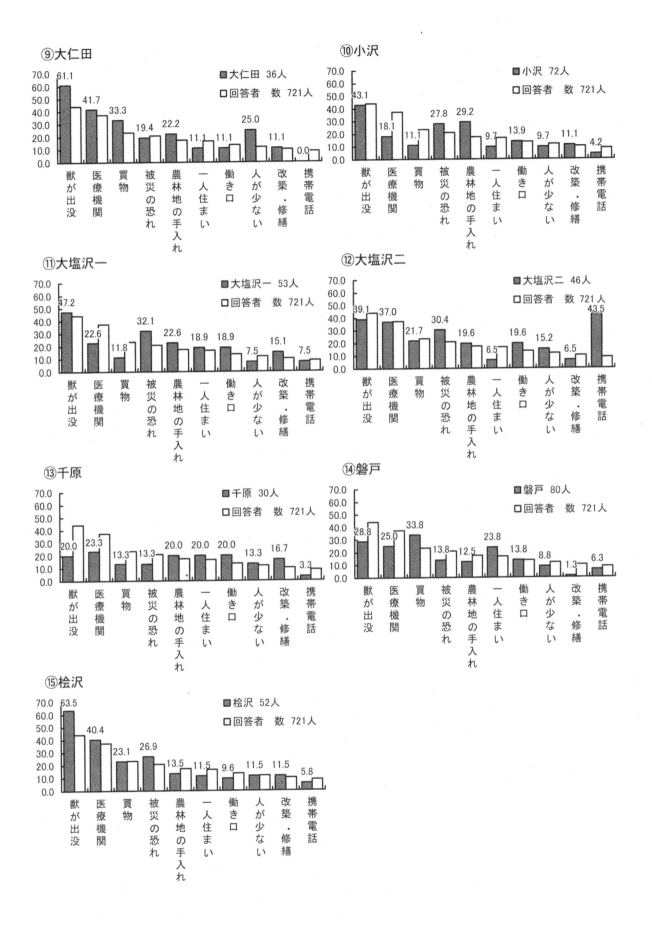

3-2 家族以外で頼れる人（問13）

問13 あなたや同居している家族が病気や高齢になるなどして、日常生活が不自由になったとき、同居の家族以外には、主に誰を頼りますか。（1つに○）

「同居してない家族・親戚」が最も多い

家族以外で頼れる人については、「同居していない家族・親戚」が59.4％で最も多く、次いで「隣近所や同じ集落の人」が15.3％、「ホームヘルパー（訪問介護員）」が13.6％で続いています。

表　家族以外で頼れる人（複数回答）

区　分	人　（％）
回答者総数	721 (100.0)
同居していない家族・親戚	428 (59.4)
隣近所や同じ集落の人	110 (15.3)
ホームヘルパー（訪問介護員）	98 (13.6)
民生委員	28 (3.9)
役場などの職員	14 (1.9)
いない	26 (3.6)
その他	12 (1.7)
無回答	39 (5.4)

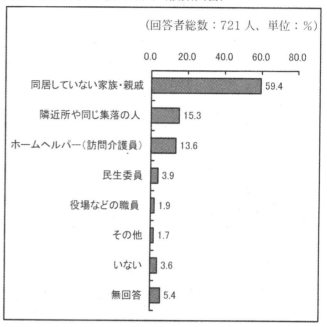

図　家族以外で頼れる人（複数回答）

（回答者総数：721人、単位：％）

【地区別】

これを地区別に見ると、「同居していない家族・親戚」の割合はどの地区においても同様に高くなっています。

これに対し、「隣近所や同じ集落の人」の割合は羽沢地区や熊倉地区で比較的高くなっています。また、「ホームヘルパー（訪問介護員）」は熊倉地区では回答が見られませんでした。

表　地区別に見た家族以外で頼れる人（複数回答）　　　　　　　　　　　　　　　（単位：％）

	区　分	同居していない家族・親戚	隣近所や同じ集落の人	ホームヘルパー（訪問介護員）	民生委員	役場などの職員	いない	その他	無回答	回答者総数（人）
	回答者総数（全体）	59.4	15.3	13.6	3.9	1.9	3.6	1.7	5.4	721
地区別	砥沢	57.8	24.4	11.1	0.0	6.7	2.2	0.0	4.4	45
	星尾	56.8	15.9	9.1	4.5	2.3	4.5	6.8	4.5	44
	羽沢	59.5	32.4	5.4	2.7	2.7	0.0	0.0	8.1	37
	熊倉	63.6	36.4	0.0	0.0	9.1	0.0	0.0	0.0	11
	大日向	68.6	2.9	14.3	0.0	0.0	11.4	2.9	0.0	35
	雨沢	59.4	5.8	15.9	8.7	1.4	4.3	1.4	4.3	69
	六車	64.9	21.6	13.5	2.7	0.0	2.7	0.0	2.7	37
	住吉	57.5	10.0	15.0	5.0	2.5	2.5	0.0	12.5	40
	大仁田	61.1	11.1	8.3	5.6	2.8	5.6	2.8	5.6	36
	小沢	61.1	18.1	16.7	2.8	0.0	2.8	2.8	1.4	72
	大塩沢一	54.7	15.1	15.1	7.5	1.9	1.9	3.8	3.8	53
	大塩沢二	58.7	17.4	17.4	4.3	2.2	2.2	0.0	6.5	46
	千原	56.7	10.0	10.0	0.0	3.3	10.0	3.3	6.7	30
	磐戸	61.3	10.0	17.5	3.8	1.3	3.8	1.3	5.0	80
	桧沢	61.5	13.5	17.3	3.8	0.0	0.0	0.0	9.6	52
	無回答	47.1	23.5	8.8	2.9	2.9	5.9	0.0	11.8	34

3-3　生活で困ったときにあるとよいと思うサービス（問14）

> 問14　あなたや同居している家族が病気や高齢、あるいは日常生活が不自由になったとき、どのようなサービスがあるとよいと思いますか。次の中から主なもの3つ以内に〇を付けてください。

「通院の送迎」や「安否確認」など

生活で困った時にあるとよいと思うサービスについては、「通院などの送り迎え」が46.2％で最も多く、次いで「定期的な安否の確認」が38.6％、「家事の手伝い」が35.1％で続いています。

表　生活で困ったときにあるとよいと思うサービス（複数回答）

区分	人（％）
回答者総数	721（100.0）
通院などの送り迎え	333（ 46.2）
定期的な安否の確認	278（ 38.6）
家事の手伝い	253（ 35.1）
緊急通報サービス	241（ 33.4）
買い物の手伝い	173（ 24.0）
災害発生時の避難の支援	133（ 18.4）
高齢者の短時間の見守りサービス	100（ 13.9）
配食サービス	97（ 13.5）
話し相手	86（ 11.9）
その他	8（ 1.1）
特にない	41（ 5.7）
無回答	42（ 5.8）

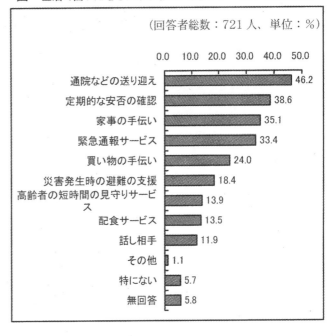

図　生活で困ったときにあるとよいと思うサービス（複数回答）

【地区別】

これを地区別に見ると、「通院などの送り迎え」は桧沢地区及び雨沢地区で多く見られ、「定期的な安否の確認」は熊倉地区、大仁田地区及び桧沢地区で多く見られます。

表　地区別に見た生活で困ったときにあるとよいと思うサービス（複数回答）　　　（単位：％）

区分		定期的な安否の確認	緊急通報サービス	買い物の手伝い	家事の手伝い	配食サービス	通院などの送り迎え	高齢者の短時間の見守りサービス	災害発生時の避難の支援	話し相手	その他	特にない	無回答	回答者総数
回答者総数（全体）		38.6	33.4	24.0	35.1	13.5	46.2	13.9	18.4	11.9	1.1	5.7	5.8	721
地区別	砥沢	44.4	33.3	22.2	42.2	20.0	46.7	8.9	15.6	6.7	2.2	4.4	4.4	45
	星尾	36.4	15.9	22.7	20.5	18.2	38.6	25.0	13.6	11.4	6.8	9.1	6.8	44
	羽沢	43.2	37.8	16.2	32.4	8.1	48.6	13.5	16.2	16.2	2.7	8.1	2.7	37
	熊倉	54.5	72.7	9.1	9.1	0.0	45.5	18.2	54.5	0.0	0.0	0.0	0.0	11
	大日向	42.9	31.4	20.0	25.7	14.3	37.1	11.4	25.7	14.3	0.0	5.7	2.9	35
	雨沢	30.4	37.7	20.3	34.8	23.2	50.7	21.7	11.6	13.0	0.0	4.3	5.8	69
	六車	37.8	32.4	32.4	51.4	10.8	45.9	24.3	18.9	16.2	0.0	2.7	0.0	37
	住吉	30.0	27.5	12.5	37.5	12.5	42.5	15.0	17.5	22.5	0.0	7.5	12.5	40
	大仁田	50.0	25.0	25.0	33.3	13.9	38.9	13.9	22.2	13.9	0.0	11.1	5.6	36
	小沢	44.4	30.6	25.0	45.8	6.9	44.4	8.3	25.0	11.1	1.4	2.8	4.2	72
	大塩沢一	35.8	45.3	20.8	41.5	13.2	47.2	13.2	22.6	3.8	0.0	5.7	1.9	53
	大塩沢二	26.1	39.1	28.3	26.1	15.2	50.0	13.0	17.4	8.7	0.0	2.2	10.9	46
	千原	26.7	20.0	16.7	33.3	13.3	40.0	6.7	13.3	13.3	0.0	13.3	10.0	30
	磐戸	41.3	27.5	32.5	37.5	10.0	48.8	10.0	20.0	12.5	1.3	7.5	5.0	80
	桧沢	48.1	46.2	32.7	26.9	13.5	51.9	17.3	15.4	9.6	1.9	3.8	3.8	52
	無回答	32.4	35.3	26.5	35.3	11.8	52.9	2.9	8.8	14.7	0.0	2.9	17.6	34

資料編

4 今後の生活について

4-1 定住意向（問 15）

問 15 現在お住まいの地域に将来も住み続けたいですか。（1つに○）

"住み続けたい" が 75.1%

定住意向については、「できれば将来も住み続けたい」が 49.0％で最も多く、これに「ぜひ将来も住み続けたい」（26.1％）を合わせると 75.1％（541 人）が"住み続けたい"と回答しています。

これに対し、"別の地域に移りたい"は、合わせて 18.3％となっています。

表　定住意向

区　　分	人　（％）
回答者総数	721（100.0）
ぜひ将来も住み続けたい	188（ 26.1）
できれば将来も住み続けたい	353（ 49.0）
できれば将来は別の地域に移りたい	109（ 15.1）
ぜひ将来は別の地域に移りたい	23（ 3.2）
無回答	48（ 6.7）

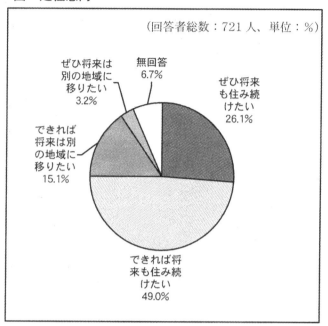

図　定住意向

【性・年齢別】

これを性・年齢別に見ると、女性の 65 歳未満では「ぜひ将来も住み続けたい」の割合が低く、「できれば将来は別の地域に移りたい」の割合が他の回答者に比べてやや高くなっています。

図　性・年齢別に見た定住意向

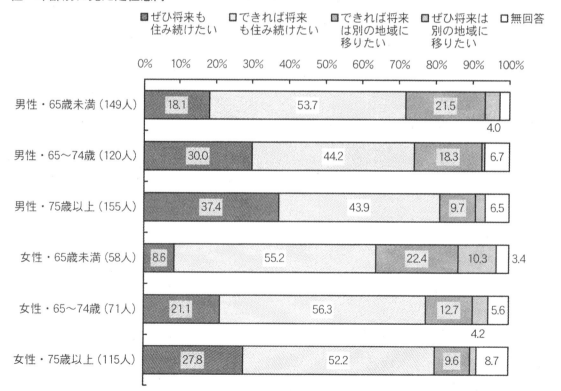

【地区別】
　これを地区別に見ると、"住み続けたい"の割合はどの地区においても6割以上となっていますが、熊倉地区では「ぜひ将来も住み続けたい」と回答した人が見られませんでした。

図　地区別に見た定住意向

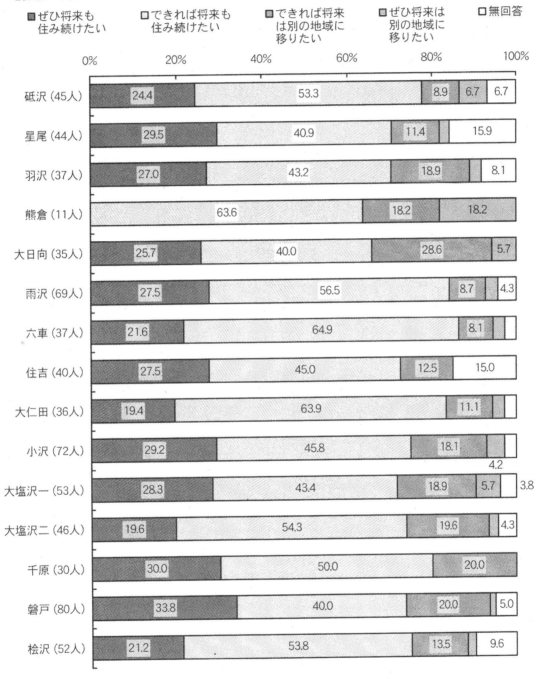

4-2 住み続けたい理由（問 15-1）

> 問 15-1 現在お住まいのところに住み続けたい理由は何ですか。次の中から主なもの 3 つ以内に○を付けてください。

「愛着があるから」や「よく知っているから」、「生活を変えたくないから」など

問 15 において"住み続けたい"と回答した人（541 人）に対し、その理由を聞いたところ、「現在住んでいる家や地域に愛着があるから」が 66.2％で最も多く、次いで「周りの人や地域のことをよく知っているから」が 44.0％、「現在の生活様式を変えたくないから」が 43.1％で続いています。

図　住み続けたい理由（複数回答）

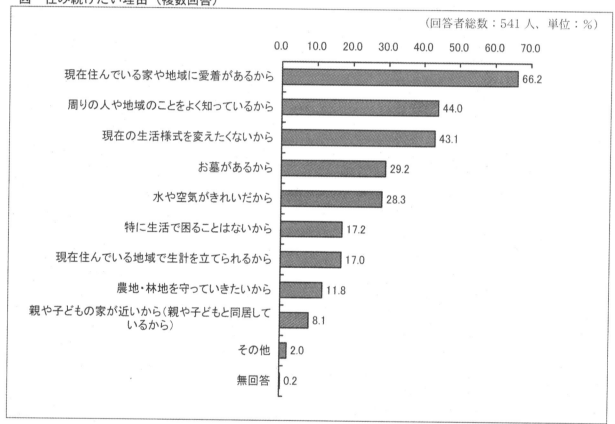

表　住み続けたい理由（複数回答）　　　　　　　　　　　　　　　　　　　単位：人（％）

区分	回答者総数	65歳未満	65～74歳	75歳以上
回答者総数	541 (100.0)	144 (100.0)	148 (100.0)	239 (100.0)
現在住んでいる家や地域に愛着があるから	358 (66.2)	87 (60.4)	103 (69.6)	163 (68.2)
周りの人や地域のことをよく知っているから	238 (44.0)	42 (29.2)	69 (46.6)	122 (51.0)
現在の生活様式を変えたくないから	233 (43.1)	57 (39.6)	58 (39.2)	115 (48.1)
お墓があるから	158 (29.2)	33 (22.9)	35 (23.6)	87 (36.4)
水や空気がきれいだから	153 (28.3)	37 (25.7)	51 (34.5)	61 (25.5)
特に生活で困ることはないから	93 (17.2)	29 (20.1)	32 (21.6)	32 (13.4)
現在住んでいる地域で生計を立てられるから	92 (17.0)	35 (24.3)	29 (19.6)	27 (11.3)
農地・林地を守っていきたいから	64 (11.8)	16 (11.1)	12 (8.1)	33 (13.8)
親や子どもの家が近いから（親や子どもと同居しているから）	44 (8.1)	16 (11.1)	5 (3.4)	19 (7.9)
その他	11 (2.0)	5 (3.5)	3 (2.0)	3 (1.3)
無回答	1 (0.2)	1 (0.7)	0 (0.0)	0 (0.0)

【性・年齢別】

これを性・年齢別に見ると、「現在住んでいる家や地域に愛着がある」の割合は女性の65歳未満を除くすべての回答者で60％以上と比較的高くなっています。また、「周りの人や地域のことをよく知っているから」の割合は男性、女性ともに65歳未満は低くなっています。

表　性・年齢別に見た住み続けたい理由（複数回答）　　　　　　　　　　　　　（単位：％）

区分		現在の生活様式を変えたくないから	現在住んでいる家や地域に愛着があるから	親や子どもの家が近いから（親や子どもと同居しているから）	周りの人や地域のことをよく知っているから	農地・林地を守っていきたいから	お墓があるから	現在住んでいる地域で生計を立てられるから	水や空気がきれいだから	特に生活で困ることはないから	その他	無回答	回答者総数
回答者総数（全体）		43.1	66.2	8.1	44.0	11.8	29.2	17.0	28.3	17.2	2.0	0.2	541
性・年齢別	男性・65歳未満	42.1	63.6	8.4	31.8	13.1	22.4	25.2	22.4	23.4	2.8	0.0	107
	男性・65～74歳	34.8	73.0	3.4	41.6	12.4	18.0	23.6	33.7	25.8	1.1	0.0	89
	男性・75歳以上	46.0	68.3	7.9	54.0	18.3	26.2	14.3	23.8	11.1	1.6	0.0	126
	女性・65歳未満	32.4	51.4	18.9	21.6	5.4	24.3	21.6	35.1	10.8	5.4	2.7	37
	女性・65～74歳	45.5	63.6	3.6	58.2	1.8	30.9	14.5	36.4	16.4	3.6	0.0	55
	女性・75歳以上	50.0	64.1	6.5	50.0	9.8	50.0	9.8	29.3	16.3	1.1	0.0	92
	無回答	45.7	74.3	20.0	37.1	11.4	37.1	2.9	25.7	8.6	0.0	0.0	35

【地区別】

これを地区別に見ると、「現在住んでいる家や地域に愛着があるから」の割合は熊倉地区、住吉地区、六車地区などで特に高くなっています。

表　性・年齢別に見た住み続けたい理由（複数回答）　　　　　　　　　　　　　（単位：％）

区分		現在の生活様式を変えたくないから	現在住んでいる家や地域に愛着があるから	親や子どもの家が近いから（親や子どもと同居しているから）	周りの人や地域のことをよく知っているから	農地・林地を守っていきたいから	お墓があるから	現在住んでいる地域で生計を立てられるから	水や空気がきれいだから	特に生活で困ることはないから	その他	無回答	回答者総数（人）
回答者総数（全体）		43.1	66.2	8.1	44.0	11.8	29.2	17.0	28.3	17.2	2.0	0.2	541
地区別	砥沢	51.4	51.4	11.4	45.7	17.1	28.6	25.7	22.9	22.9	5.7	0.0	35
	星尾	48.4	64.5	6.5	41.9	9.7	45.2	6.5	25.8	16.1	3.2	0.0	31
	羽沢	26.9	73.1	3.8	57.7	7.7	38.5	26.9	23.1	19.2	0.0	0.0	26
	熊倉	28.6	85.7	14.3	71.4	0.0	42.9	0.0	57.1	0.0	0.0	0.0	7
	大日向	52.2	60.9	8.7	34.8	26.1	21.7	8.7	21.7	17.4	8.7	0.0	23
	雨沢	43.1	69.0	8.6	39.7	6.9	17.2	31.0	20.7	17.2	0.0	0.0	58
	六車	31.3	78.1	6.3	56.3	9.4	28.1	12.5	31.3	9.4	0.0	0.0	32
	住吉	24.1	79.3	0.0	34.5	20.7	24.1	13.8	34.5	24.1	0.0	0.0	29
	大仁田	50.0	66.7	3.3	60.0	16.7	33.3	10.0	26.7	16.7	0.0	0.0	30
	小沢	38.9	70.4	9.3	50.0	16.7	29.6	16.7	29.6	20.4	1.9	0.0	54
	大塩沢一	52.6	68.4	5.3	34.2	10.5	21.1	15.8	42.1	13.2	0.0	0.0	38
	大塩沢二	52.9	50.0	5.9	52.9	8.8	23.5	23.5	23.5	23.5	0.0	0.0	34
	千原	33.3	50.0	8.3	29.2	20.8	37.5	8.3	33.3	25.0	4.2	0.0	24
	磐戸	45.8	64.4	10.2	37.3	1.7	22.0	15.3	30.5	18.6	1.7	0.0	59
	桧沢	53.8	69.2	10.3	41.0	2.6	38.5	10.3	25.6	7.7	7.7	2.6	39
	無回答	31.8	68.2	22.7	40.9	27.3	50.0	22.7	27.3	9.1	0.0	0.0	22

資料編

図　地区別に見た住み続けたい理由（複数回答）　　　　　　　　（※上位10項目のみ抜粋）

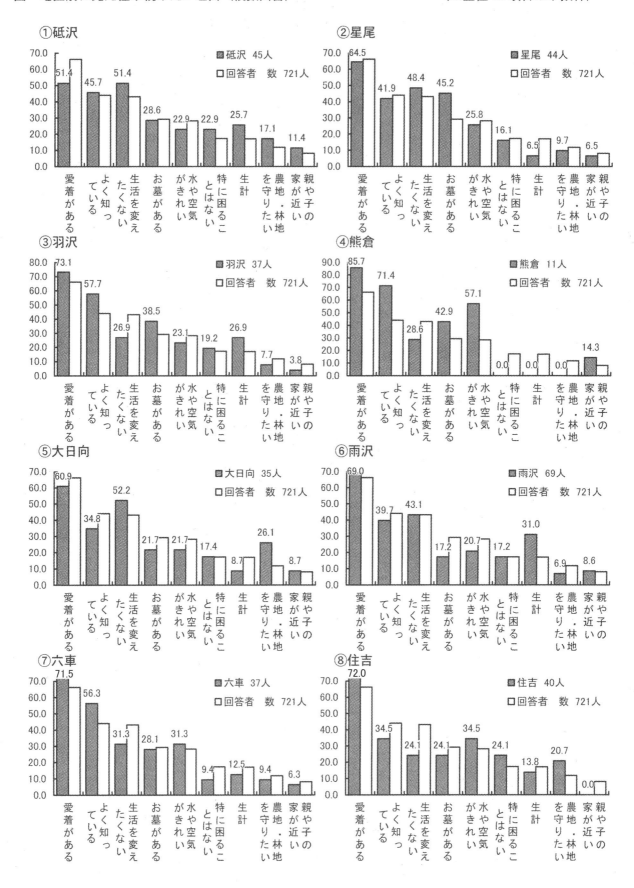

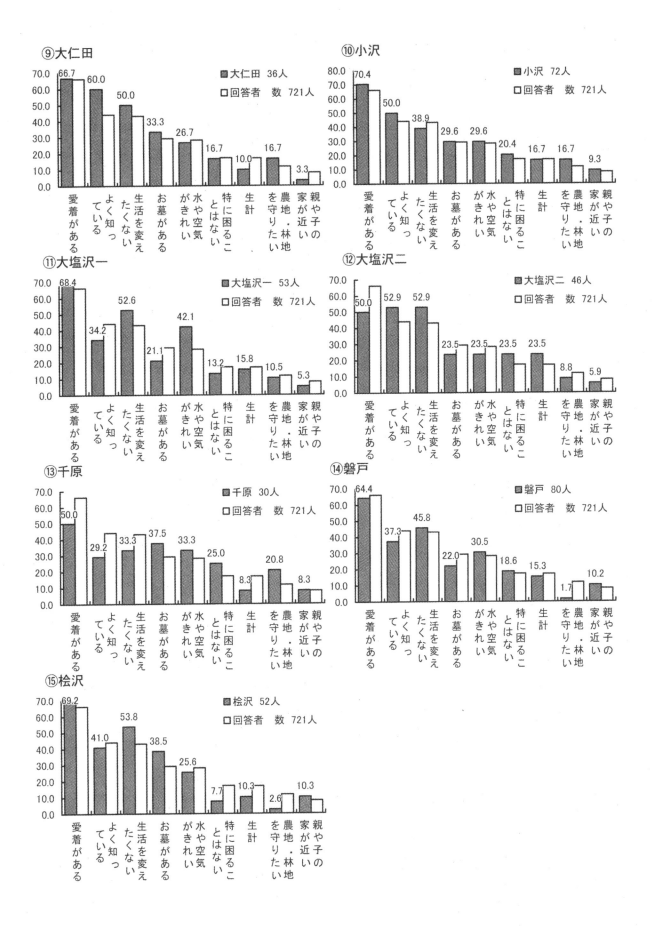

4-3 10年後の生活を考えて不安なこと（問16）

> 問16 10年後の生活を考えた時、不安なことはありますか。次の中から主なもの3つ以内に○を付けてください。

「人が少なくなる」や「食料品や日用品を買えなくなる」が多い

10年後の生活を考えて不安なことについては、「近所に住んでいる人が少なくなりそう」が41.6％で最も多く、次いで「いつでも自由に食料品や日用品を買えなくなりそう」が41.2％で続いており、この2項目が他の項目に比べて多くなっています。

図　10年後の生活を考えて不安なこと（複数回答）

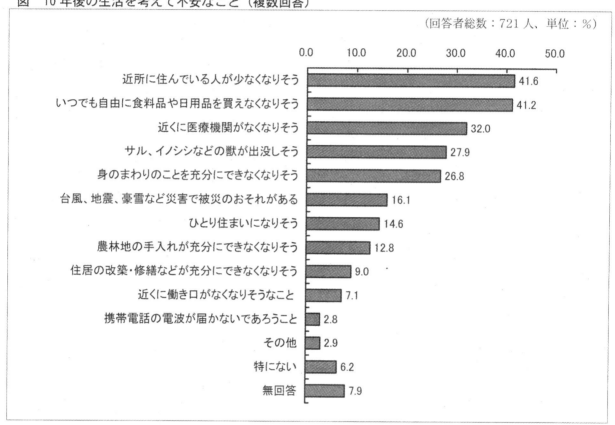

表　10年後の生活を考えて不安なこと（複数回答）　　　　　　　　　　　（単位：％）

区　分	回答者総数	65歳未満	65〜74歳	75歳以上
回答者総数	721 (100.0)	207 (100.0)	197 (100.0)	296 (100.0)
いつでも自由に食料品や日用品を買えなくなりそうなこと	297 (41.2)	63 (30.4)	101 (51.3)	125 (42.2)
近くに医療機関がなくなりそうなこと	231 (32.0)	85 (41.1)	63 (32.0)	81 (27.4)
身のまわりのことを充分にできなくなりそうなこと	193 (26.8)	41 (19.8)	63 (32.0)	85 (28.7)
近所に住んでいる人が少なくなりそうなこと	300 (41.6)	97 (46.9)	76 (38.6)	120 (40.5)
住居の改築・修繕などが充分にできなくなりそうなこと	65 (9.0)	22 (10.6)	20 (10.2)	21 (7.1)
サル、イノシシなどの獣が出没しそうなこと	201 (27.9)	47 (22.7)	53 (26.9)	98 (33.1)
ひとり住まいになりそうなこと	105 (14.6)	16 (7.7)	34 (17.3)	51 (17.2)
近くに働き口がなくなりそうなこと	51 (7.1)	41 (19.8)	3 (1.5)	7 (2.4)
携帯電話の電波が届かないであろうこと	20 (2.8)	10 (4.8)	3 (1.5)	7 (2.4)
農林地の手入れが充分にできなくなりそうなこと	92 (12.8)	30 (14.5)	19 (9.6)	39 (13.2)
台風、地震、豪雪など災害で被災のおそれがあること	116 (16.1)	31 (15.0)	40 (20.3)	44 (14.9)
その他	21 (2.9)	3 (1.4)	6 (3.0)	12 (4.1)
特にない	45 (6.2)	16 (7.7)	12 (6.1)	17 (5.7)
無回答	57 (7.9)	6 (2.9)	12 (6.1)	30 (10.1)

【性・年齢別】

　これを地区別に見ると、「近所に住んでいる人が少なくなりそうなこと」の割合は男性、女性ともに65歳未満に比較的多く高いほか、女性の75歳未満でも高くなっています。
　また、「いつでも自由に食料品や日用品を買えなくなりそうなこと」の割合は男性、女性ともに65～74歳の方が75歳以上よりも高くなっています。

表　性・年齢別に見た10年後の生活を考えて不安なこと（複数回答）　　　　　　　　　　（単位：％）

区分		いつでも自由に食料品や日用品を買えなくなりそうなこと	近くに医療機関がなくなりそうなこと	近くに働き口がなくなりそうなこと	携帯電話の電波が届かないであろうこと	農林地の手入れが充分にできなくなりそうなこと	住居の改築・修繕などが充分にできなくなりそうなこと	サル・イノシシなどの獣が出没しそうなこと	台風・地震・豪雪などの災害で被災のおそれがあること	身のまわりのことを充分にできなくなりそうなこと	ひとり住まいになりそうなこと	近所に住んでいる人が少なくなりそうなこと	その他	特にない	無回答	回答者総数（人）
回答者総数（全体）		41.2	32.0	7.1	2.8	12.8	9.0	27.9	16.1	26.8	14.6	41.6	2.9	6.2	7.9	721
性・年齢別	男性・65歳未満	29.5	39.6	20.8	3.4	14.8	12.1	23.5	14.1	21.5	9.4	47.0	0.7	6.7	3.4	149
	男性・65～74歳	50.0	32.5	2.5	0.8	10.8	7.5	25.0	20.8	36.7	16.7	34.2	4.2	7.5	6.7	120
	男性・75歳以上	40.6	23.9	4.5	1.3	16.1	5.2	32.3	11.6	34.8	23.9	36.8	4.5	6.5	9.0	155
	女性・65歳未満	32.8	44.8	17.2	8.6	13.8	6.9	20.7	17.2	15.5	3.4	46.6	3.4	10.3	1.7	58
	女性・65～74歳	52.1	32.4	0.0	2.8	8.5	15.5	29.6	18.3	25.4	16.9	43.7	1.4	4.2	5.6	71
	女性・75歳以上	44.3	31.3	0.0	4.3	10.4	7.0	32.2	20.9	26.1	9.6	46.1	4.3	4.3	11.3	115
	無回答	43.4	20.8	0.0	0.0	11.3	13.2	30.2	9.4	11.3	17.0	39.6	0.0	3.8	22.6	53

【地区別】

　これを地区別に見ると、「近所に住んでいる人が少なくなりそうなこと」の割合は、星尾地区、大塩沢二地区及び六車地区で比較的高くなっています。
　また、「いつでも自由に食料品や日用品を買えなくなりそうなこと」の割合は、磐戸地区、熊倉地区及び砥沢地区で比較的高くなっています。

表　地区別に見た10年後の生活を考えて不安なこと（複数回答）　　　　　　　　　　（単位：％）

区分		いつでも自由に食料品や日用品を買えなくなりそうなこと	近くに医療機関がなくなりそうなこと	近くに働き口がなくなりそうなこと	携帯電話の電波が届かないであろうこと	農林地の手入れが充分にできなくなりそうなこと	住居の改築・修繕などが充分にできなくなりそうなこと	サル・イノシシなどの獣が出没しそうなこと	台風・地震・豪雪などの災害で被災のおそれがあること	身のまわりのことを充分にできなくなりそうなこと	ひとり住まいになりそうなこと	近所に住んでいる人が少なくなりそうなこと	その他	特にない	無回答	回答者総数（人）
回答者総数（全体）		41.2	32.0	7.1	2.8	12.8	9.0	27.9	16.1	26.8	14.6	41.6	2.9	6.2	7.9	721
区名	砥沢	53.3	31.1	2.2	0.0	15.6	11.1	17.8	11.1	20.0	15.6	40.0	6.7	11.1	8.9	45
	星尾	34.1	22.7	2.3	0.0	6.8	2.3	29.5	11.4	27.3	18.2	36.4	4.5	9.1	15.9	44
	羽沢	40.5	32.4	5.4	8.1	8.1	8.1	35.1	13.5	24.3	10.8	64.9	2.7	2.7	5.4	37
	熊倉	54.5	36.4	0.0	45.5	0.0	0.0	45.5	27.3	18.2	18.2	36.4	9.1	0.0	9.1	11
	大日向	31.4	34.3	5.7	0.0	17.1	8.6	34.3	25.7	31.4	20.0	48.6	0.0	5.7	2.9	35
	雨沢	37.7	53.6	17.4	0.0	13.0	10.1	26.1	14.5	10.1	14.5	29.0	4.3	7.2	4.3	69
	六車	45.9	40.5	2.7	0.0	10.8	10.8	40.5	16.2	32.4	10.8	51.4	0.0	0.0	5.4	37
	住吉	35.0	27.5	7.5	2.5	15.0	2.5	25.0	20.0	27.5	25.0	45.0	0.0	2.5	10.0	40
	大仁田	47.2	47.2	8.3	0.0	5.6	5.6	38.9	13.9	30.6	16.7	47.2	2.8	8.3	2.8	36
	小沢	31.9	18.1	2.8	1.4	18.1	12.5	26.4	22.2	38.9	19.4	41.7	2.8	1.4	4.2	72
	大塩沢一	39.6	15.1	7.5	0.0	13.2	7.5	28.3	20.8	26.4	11.3	37.7	0.0	17.0	7.5	53
	大塩沢二	41.3	39.1	4.3	13.0	13.0	10.9	32.6	15.2	32.6	13.0	54.3	0.0	4.3	4.3	46
	千原	33.3	40.0	6.7	0.0	10.0	10.0	13.3	13.3	30.0	13.3	43.3	0.0	16.7	6.7	30
	磐戸	57.5	25.0	11.3	1.3	10.0	11.3	18.8	10.0	27.5	8.8	37.5	8.8	7.5	5.0	80
	桧沢	42.3	40.4	13.5	1.9	19.2	7.7	36.5	21.2	25.0	11.5	34.6	1.9	1.9	9.6	52
	無回答	32.4	20.6	0.0	5.9	14.7	14.7	17.6	8.8	23.5	11.8	32.4	0.0	0.0	35.3	34

資料編

図 地区別に見た10年後の生活を考えて不安なこと（複数回答） （※上位10項目のみ抜粋）

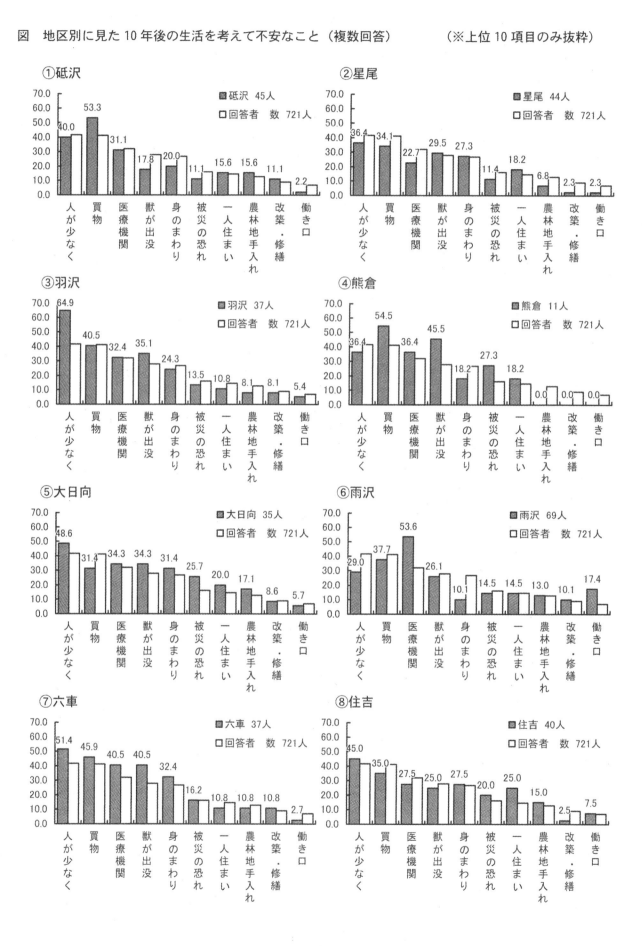

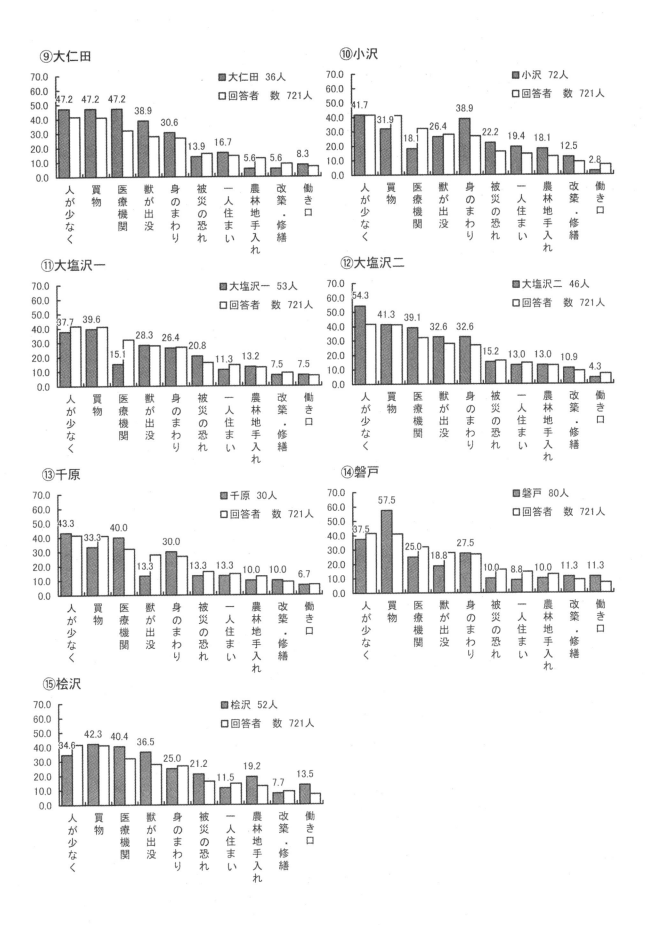

5 地域の支え合いの仕組みについて

5-1 身近な地域における支え合いに関する意識（問17）

> 問17　あなたは身近な地域における住民同士の支え合いについてどのようにお考えですか。（１つに○）

"必要である"が89.4％

身近な地域における支え合いに関する意識については、「とても必要である」が62.8％、「どちらかといえば必要である」が26.6％であり、これらを合わせると89.4％が"必要である"と回答しています。

表　支え合いに関する意識

区　分	人　（％）
回答者総数	721 (100.0)
とても必要である	453 (62.8)
どちらかといえば必要	192 (26.6)
それほど必要とは思わない	21 (2.9)
まったく必要とは思わない	3 (0.4)
無回答	52 (7.2)

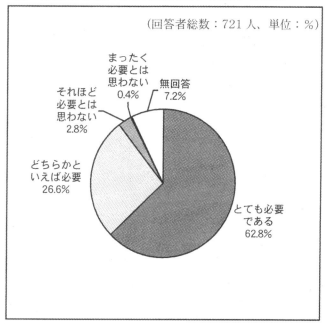

図　身近な地域における支え合いに関する意識

【性・年齢別】

これを性・年齢別に見ると、どの性・年齢層においても"必要である"が80％以上と高くなっています。

図　性・年齢別に見た身近な地域における支え合いに関する意識

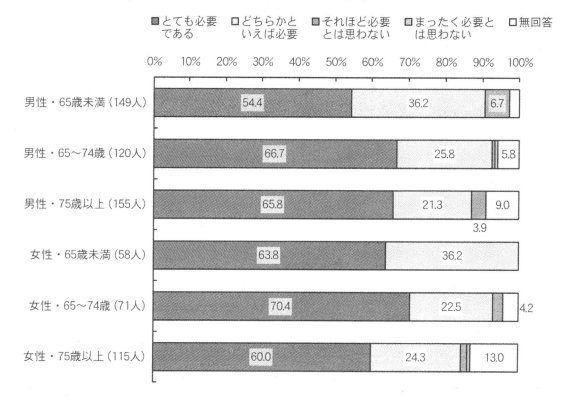

【地区別】

これを地区別に見ると、大塩沢二地区や熊倉地区、住吉地区などでは「とても必要である」の割合が高く、大日向地区、星尾地区、千原地区では「とても必要である」の割合は比較的低くなっています。

図 地区別に見た身近な地域における支え合いに関する意識

（※「とても必要である」の割合が高い順）

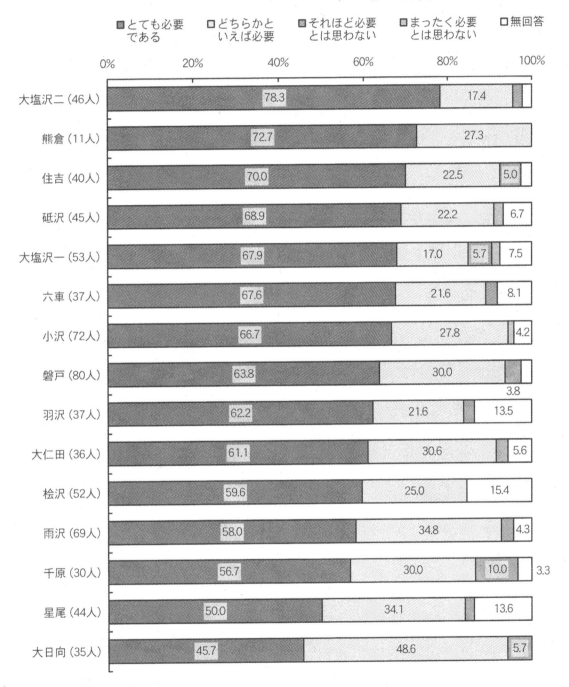

5-2 自分の地域の支え合いに対する評価（問18）

問18 あなたは、ご自分の地域（地区）において、住民同士の支え合いはどの程度盛んに行われていると思いますか。（1つに○）

"盛んである"は50.9％

地域の支え合いに対する評価については、「とても盛んである」が13.5％、「どちらかといえば盛んである」が37.4％で、これらを合わせると50.9％が"盛んである"と回答しています。

一方、「それほど盛んではない」が37.4％、「まったく盛んではない」が3.6％であり、これらを合わせると41.0％が"盛んではない"と回答しています。

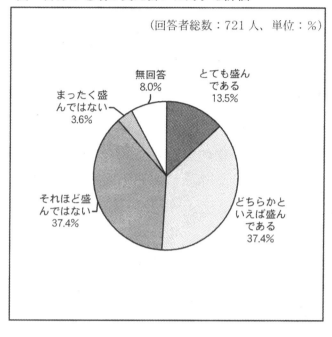

図　自分の地域の支え合いに対する評価

表　自分の地域の支え合いに対する評価

区　分	人（％）
回答者総数	721 (100.0)
とても盛んである	97 (13.5)
どちらかといえば盛んである	270 (37.4)
それほど盛んではない	270 (37.4)
まったく盛んではない	26 (3.6)
無回答	58 (8.0)

【性・年齢別】

これを性・年齢別に見ると、男性の65歳未満及び女性の65～74歳では「それほど盛んではない」の割合がやや高くなっています。

図　性・年齢別に見た自分の地域の支え合いに対する評価

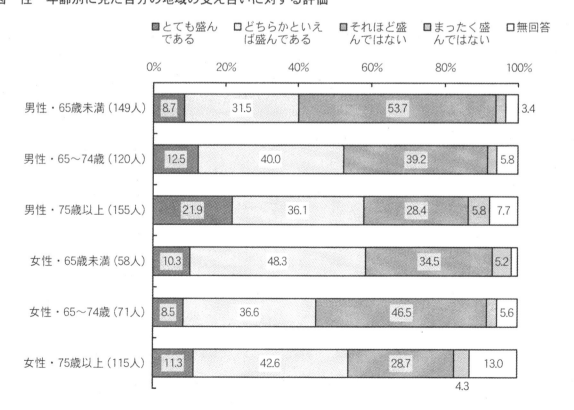

【地区別】
　これを地区別に見ると、熊倉地区及び六車地区では"盛んである"の割合が75％以上と特に高くなっています。
　これに対し、千原地区及び雨沢地区などでは"盛んである"の割合が40％未満と低くなっており、地区による格差が見られます。

図　地区別に見た自分の地域の支え合いに対する評価
　　　（※「とても盛んである」または「どちらかといえば盛んである」の割合が高い順）

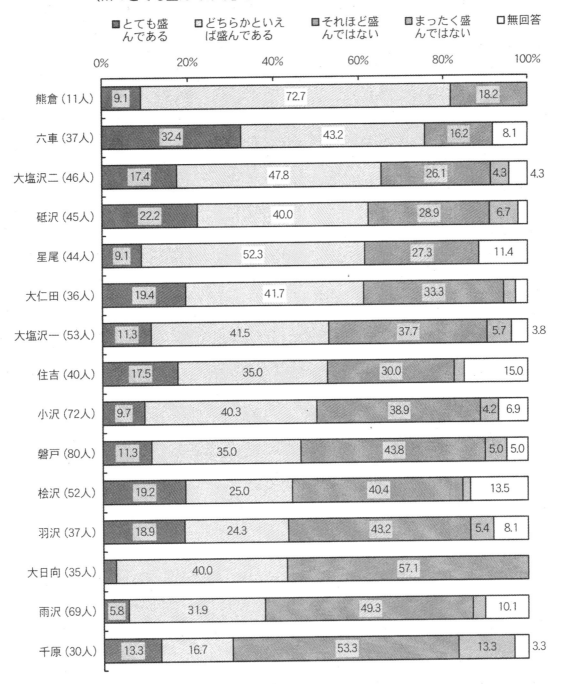

5-3 支え合いの場に対する関心の有無（問19）

> 問19 あなたは、以下で説明する病気や高齢、あるいは日常生活で不自由な人たちを見守り支え合う場が地区単位などの身近な場所でできることについてどのようにお考えになりますか。（1つに○）

"関心がある"が81.9%

支え合いの場に対する関心については、「とても関心がある」が45.1％、「やや関心がある」が36.8％であり、これらを合わせると81.9％が"関心がある"と回答しています。

一方、「あまり関心はない」が9.4％、「まったく関心はない」が0.6％であり、これらを合わせると10.0％が"関心はない"と回答しています。

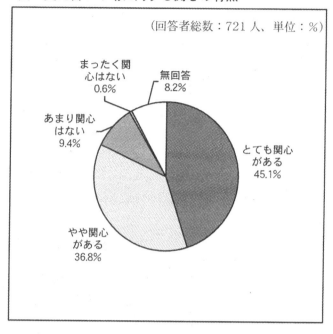

図　支え合いの場に対する関心の有無

表　支え合いの場に対する関心の有無

区　分	人（％）
回答者総数	721 (100.0)
とても関心がある	325 (45.1)
やや関心がある	265 (36.8)
あまり関心はない	69 (9.6)
まったく関心はない	4 (0.6)
無回答	58 (8.0)

【性・年齢別】

これを性・年齢別に見ると、男性の75歳以上、女性の65歳以上で「とても関心がある」の割合が50％を超えています。

図　性・年齢別に見た支え合いの場に対する関心の有無

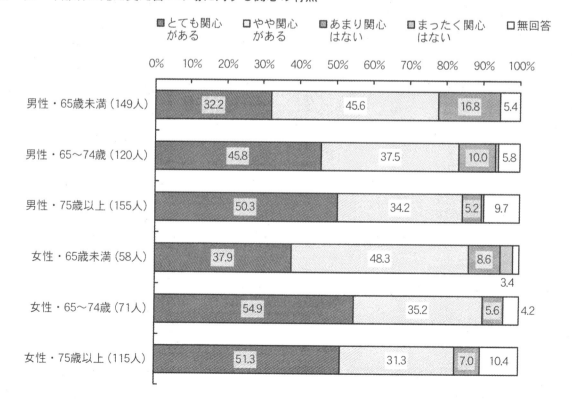

【地区別】
　これを地区別に見ると、羽沢地区、大仁田地区、六車地区、砥沢地区及び磐戸地区では「とても関心がある」の割合が5割を超えています。

図　地区別に見た支え合いの場に対する関心の有無　　　（※「とても関心がある」の割合が高い順）

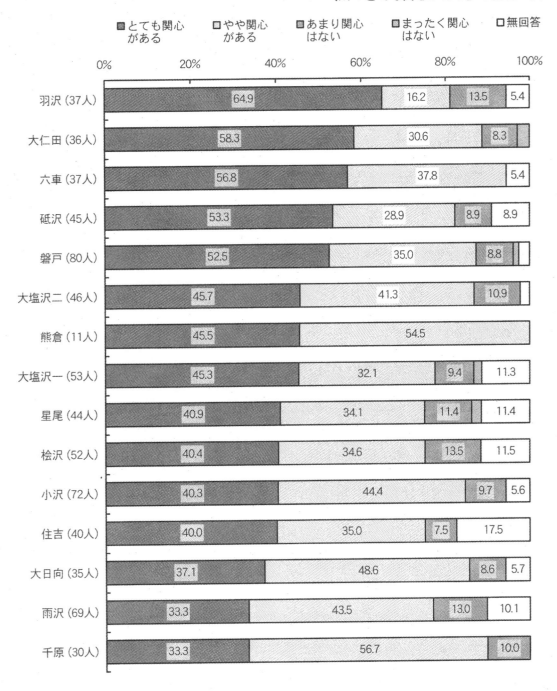

5-4 支え合いの場に期待する機能（問 20）

> 問 20　あなたは、ご自分の地域に支え合いの場ができるとしたら、どのようなものがよいと思いますか。次の中からあてはまるものすべてに〇を付けてください。

「売店」、「安否確認」、「助け合う場」、「寄り合い所」が拮抗して多く見られる

支え合いの場に期待する機能については、「食料品や日用品を購入できる売店」が47.2％で最も多く、次いで「ひとり暮らし高齢者等の見守りや安否確認」が46.7％、「困ったことなどを相談し、助け合う場」が44.9％、「地域住民が交流できる寄り合い所」が43.3％で続いています。

これら4項目が拮抗して多く見られる結果となっています。

図　支え合いの場に期待する機能（複数回答）

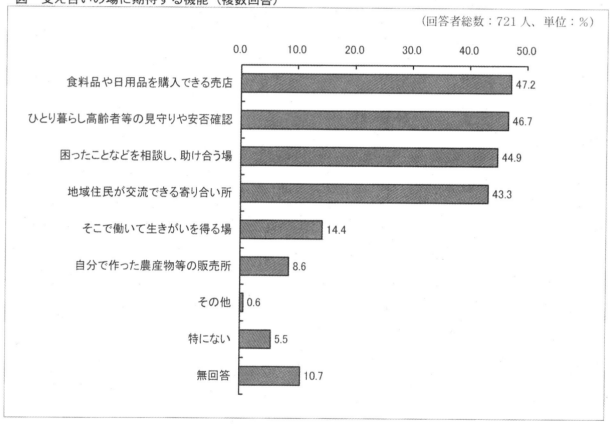

表　支え合いの場に期待する機能（複数回答）　　　　　　　　　　単位：人（％）

区分	回答者総数	65歳未満	65～74歳	75歳以上
回答者総数	721 (100.0)	207 (100.0)	197 (100.0)	296 (100.0)
食料品や日用品を購入できる売店	340 (47.2)	100 (48.3)	88 (44.7)	147 (49.7)
自分で作った農産物等の販売所	62 (8.6)	19 (9.2)	17 (8.6)	26 (8.8)
地域住民が交流できる寄り合い所	312 (43.3)	94 (45.4)	93 (47.2)	121 (40.9)
ひとり暮らし高齢者等の見守りや安否確認	337 (46.7)	96 (46.4)	96 (48.7)	139 (47.0)
困ったことなどを相談し、助け合う場	324 (44.9)	77 (37.2)	90 (45.7)	154 (52.0)
そこで働いて生きがいを得る場	104 (14.4)	58 (28.0)	30 (15.2)	16 (5.4)
その他	4 (0.6)	0 (0.0)	2 (1.0)	2 (0.7)
特にない	40 (5.5)	11 (5.3)	9 (4.6)	19 (6.4)
無回答	77 (10.7)	12 (5.8)	15 (7.6)	37 (12.5)

【性・年齢別】

　これを性・年齢別に見ると、「食料品や日用品を購入できる売店」はすべての性・年齢層で安定して多く見られ、格差はそれほど大きくはなっていません。
　これに対し、「ひとり暮らし高齢者等の見守りや安否確認」では男性よりも女性の方が高くなっており、「地域住民が交流できる寄り合い所」は74歳未満の男性で多く見られるなど、売店以外の機能では性年齢層による格差が見られます。

表　性・年齢別に見た支え合いの場に期待する機能（複数回答）　　　　　　　　（単位：％）

区分		食料品や日用品を購入できる売店	自分で作った農産物等の販売所	地域住民が交流できる寄り合い所	ひとり暮らし高齢者等の見守りや安否確認	困ったことなどを相談し、助け合う場	そこで働いて生きがいを得る場	その他	特にない	無回答	回答者総数（人）
回答者総数（全体）		47.2	8.6	43.3	46.7	44.9	14.4	0.6	5.5	10.7	721
性・年齢別	男性・65歳未満	47.7	10.1	47.7	41.6	36.9	29.5	0.0	4.0	7.4	149
	男性・65～74歳	46.7	11.7	49.2	47.5	45.0	17.5	1.7	5.0	8.3	120
	男性・75歳以上	51.0	11.0	40.0	42.6	50.3	6.5	0.6	7.7	11.0	155
	女性・65歳未満	50.0	6.9	39.7	58.6	37.9	24.1	0.0	8.6	1.7	58
	女性・65～74歳	43.7	4.2	45.1	52.1	47.9	11.3	0.0	4.2	4.2	71
	女性・75歳以上	47.0	4.3	41.7	55.7	57.4	4.3	0.9	5.2	14.8	115
	無回答	37.7	7.5	32.1	32.1	28.3	3.8	0.0	3.8	34.0	53

【地区別】

　これを地区別に見ると、「食料品や日用品を購入できる売店」は、熊倉地区、六車地区、磐戸地区で多く見られます。
　なお、熊倉地区では「困ったことなどを相談し、助け合う場」や「ひとり暮らし高齢者等の見守りや安否確認」の割合が他の地区に比べて突出して高くなっています。

表　地区別に見た支え合いの場に期待する機能（複数回答）　　　　　　　　　　（単位：％）

区分		食料品や日用品を購入できる売店	自分で作った農産物等の販売所	地域住民が交流できる寄り合い所	ひとり暮らし高齢者等の見守りや安否確認	困ったことなどを相談し、助け合う場	そこで働いて生きがいを得る場	その他	特にない	無回答	回答者総数（人）
回答者総数（全体）		47.2	8.6	43.3	46.7	44.9	14.4	0.6	5.5	10.7	721
地区別	砥沢	44.4	11.1	51.1	53.3	57.8	11.1	0.0	4.4	8.9	45
	星尾	52.3	18.2	36.4	47.7	34.1	15.9	0.0	13.6	13.6	44
	羽沢	43.2	5.4	48.6	56.8	48.6	10.8	0.0	0.0	13.5	37
	熊倉	72.7	0.0	36.4	81.8	90.9	9.1	0.0	0.0	0.0	11
	大日向	48.6	14.3	48.6	57.1	45.7	20.0	0.0	5.7	2.9	35
	雨沢	49.3	8.7	49.3	42.0	40.6	24.6	0.0	7.2	5.8	69
	六車	59.5	16.2	51.4	37.8	43.2	13.5	2.7	5.4	5.4	37
	住吉	20.0	10.0	32.5	32.5	45.0	12.5	2.5	15.0	17.5	40
	大仁田	50.0	2.8	27.8	41.7	55.6	11.1	0.0	8.3	8.3	36
	小沢	40.3	8.3	58.3	48.6	51.4	11.1	0.0	0.0	8.3	72
	大塩沢一	35.8	3.8	35.8	37.7	41.5	20.8	0.0	3.8	15.1	53
	大塩沢二	52.2	10.9	47.8	56.5	52.2	8.7	0.0	0.0	6.5	46
	千原	50.0	3.3	40.0	36.7	40.0	10.0	0.0	6.7	16.7	30
	磐戸	65.0	3.8	41.3	45.0	37.5	11.3	0.0	7.5	2.5	80
	桧沢	46.2	13.5	38.5	48.1	42.3	21.2	3.8	5.8	15.4	52
	無回答	32.4	2.9	29.4	52.9	29.4	8.8	0.0	0.0	38.2	34

資料編

図　地区別に見た支え合いの場に期待する機能（複数回答）

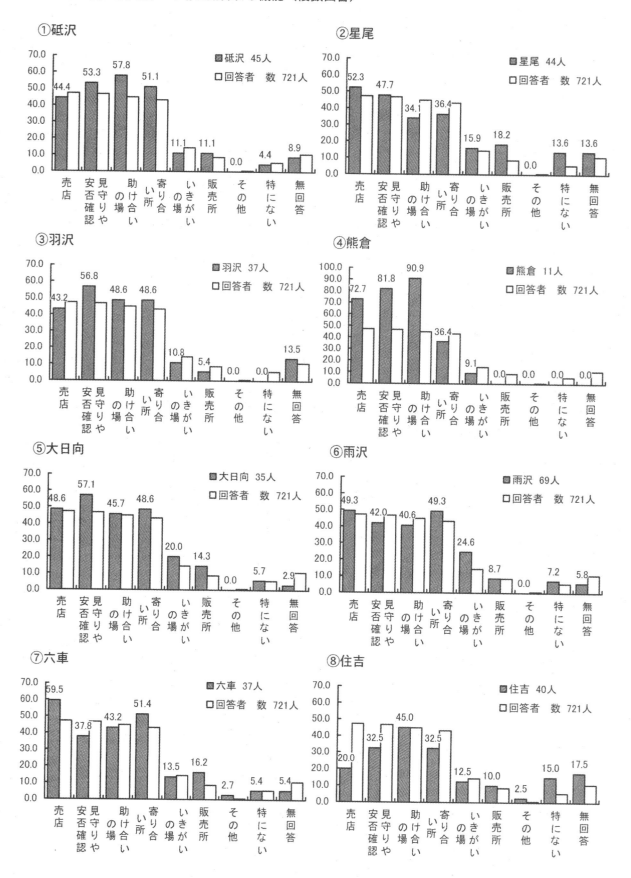

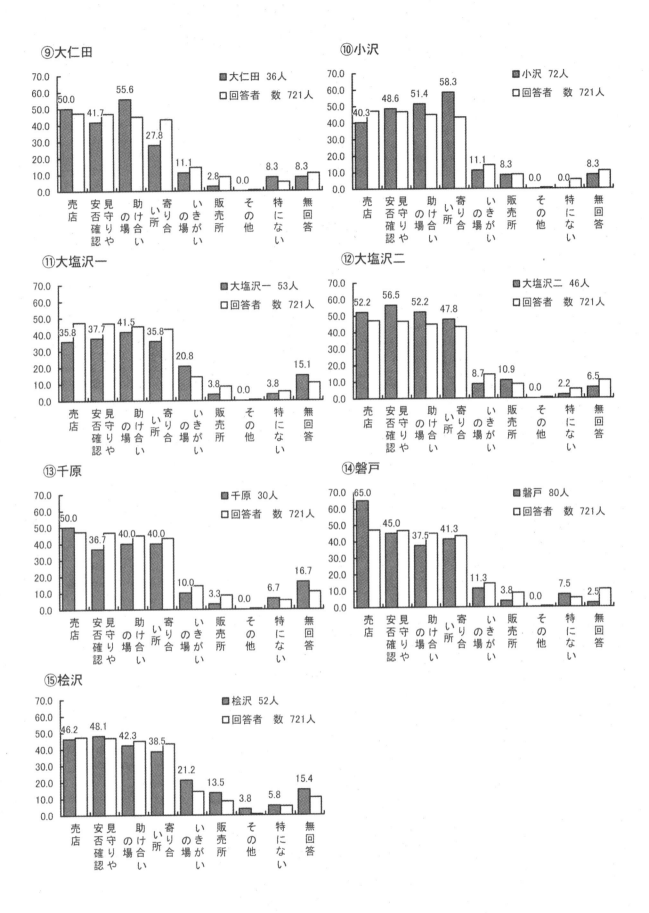

資料編

6 調査票

暮らしについてのアンケート（南牧村）

アンケート調査へのご協力のお願い

平成 22 年 11 月

晩秋の候、皆さまにおかれましては、ますますご健勝のこととお慶び申し上げます。

この調査は、人口の高齢化・過疎化が進みつつある南牧村で、村民の皆さまがいつまでも安心して暮らしていける村づくりのあり方を探るため、福祉デザイン研究所（所長：武蔵野大学大学院教授・川村匡由）が南牧村役場のご協力をいただき、住民の皆様にご意見をおうかがいするものです。

調査データは、統計的に処理いたしますので、個人情報の保護につきましては、法令等に基づき厳重に管理いたします。また、調査の結果については、後日、ご報告させていただきます。

なお、この調査は、厚生労働省所管の独立行政法人福祉医療機構社会福祉振興助成事業の助成を受けて実施しております。

お忙しい折、大変恐縮ですが、<u>11 月 24 日（水）</u>までに調査票にご回答いただき、お住まいの地区の分区長にお渡しください。なにとぞ、よろしくお願い申し上げます。

ご記入のしかた

1 質問をお読みいただき、該当する答えの番号に○を付けてください。また、番号を記入していただく個所もあります。
2 「その他」を選択された場合、お手数ですが、具体的な内容をかっこの中にご記入ください。
3 ご不明の点等は、お気軽に下記までお問合せください。

本調査についてのお問い合わせ
福祉デザイン研究所
所長　川村　匡由
〒180-0022　東京都武蔵野市境 3-12-10-101
電話：0422-54-4691/042-469-0531
メール：kawamura0515@ybb.ne.jp

はじめに、あなたご自身のことについておうかがいします

問1　あなたはどちらの地区（分区）にお住まいですか。次の1～60の中からあてはまるものに1つ○を付けてください。

区　名	分区名（あてはまる番号に○）
砥　沢	1　日向下　　2　日向中　　3　日向上　　4　田　　5　日影下　　6　日影上
星　尾	7　下星尾　　8　仲庭　　9　小倉道場　　10　大上下　　11　大上上
羽　沢	12　羽根沢　　13　勧能下　　14　勧能中　　15　勧能上
熊　倉	16　熊倉下　　17　熊倉上
大日向	18　大日向　　19　門礼　　20　宮ノ平
雨　沢	21　森下　　22　日影雨沢　　23　田ノ平　　24　日向雨沢
六　車	25　中棚　　26　万地　　27　日向
住　吉	28　山仲　　29　下底瀬下　　30　下底瀬上　　31　上底瀬
大仁田	32　久保　　33　峯　　34　落合　　35　奥ノ萱
小　沢	36　下叶屋　　37　上叶屋　　38　野々上　　39　日向　　40　峯　　41　日影
大塩沢一	42　塩沢　　43　小塩沢　　44　黒滝
大塩沢二	45　大久保　　46　下高原　　47　上高原
千　原	48　大千原　　49　上千原
磐　戸	50　東磐戸一　　51　東磐戸二　　52　中磐戸　　53　西磐戸　　54　桧平　　55　押
桧　沢	56　堂所　　57　萱　　58　沢　　59　大倉　　60　大入道

問2　あなたはおいくつですか。（満年齢でお答えください）。

1　29歳以下	5　60～64歳	9　80～84歳
2　30歳代	6　65～69歳	10　85～89歳
3　40歳代	7　70～74歳	11　90歳以上
4　50歳代	8　75～79歳	

問3　あなたの性別はどちらですか。

1　男性	2　女性

問4　あなたの主な職業はどれですか。（1つに○）

1　農業	4　会社員	7　無職
2　林業	5　公務員	8　学生
3　自営業（農林業以外）	6　団体・組合職員	9　その他（　　　　　）

問5　あなたの家族構成はどれですか。（1つに○）

1　ひとり暮らし
2　夫婦のみ　------→　問　あなたの配偶者はおいくつですか。
3　二世代同居（親と子）
4　三世代同居（親と子と孫）
5　その他（　　　　　）

1　65歳未満	4　80〜84歳
2　65〜74歳	5　85〜89歳
3　75〜79歳	6　90歳以上

問6　同居している家族の収入も合わせた世帯全体の収入のうち多いものはどれですか。
　　一番多いものに"1"、二番目に多いものに"2"、三番目に多いものに"3"を付けてください。

（　）農業収入	（　）国民年金	（　）仕送り金
（　）林業収入	（　）厚生年金	（　）その他
（　）自営業収入	（　）共済年金	（　　　　　　　）
（　）勤め先収入	（　）家賃収入	

問7　現在、あなたはどの程度幸せですか。「とても幸せ」を10点、「とても不幸」を0点とすると、何点くらいになると思いますか。いずれかの数字を1つだけ○で囲んでください。

(とても不幸)				(どちらでもない)					(とても幸せ)	
0点	1	2	3	4	5	6	7	8	9	10点

移動手段や近所づきあいについてうかがいます

問8 あなたや家族が日常的に使う移動手段はどれですか。あてはまるものすべてに○を付けてください。

1 徒歩のみ	4 自分や家族の自家用車	7 ふるさとバス・乗合タクシー
2 自転車	5 近隣住民などの自家用車	8 電車
3 バイク	6 タクシー	9 その他（　　　　　　）

問9 あなたは、普段の買い物や通院の際に、移動手段を容易に確保できますか。

（1）食料品や日用品の買い物（1つに○）

1 特に困難ではない	2 やや困難である	3 とても困難である

（2）日ごろ利用する病院・診療所への通院（1つに○）

1 特に困難ではない	2 やや困難である	3 とても困難である

問10 あなたは、ふだんどの程度、人（同居の家族も含む）と話をしますか。電話やEメールも含めてお答えください。（1つに○）

1 毎日	4 1か月に2～3回程度
2 2日～3日に1回程度	5 1か月に1回以下・ほとんど話をしない
3 1週間に1回程度	

問11 問10でお答えになった、ふだん話をする人は、どのような人ですか。あてはまるものすべてに○を付けてください。

1 同居している家族・親戚	6 民生委員
2 同居していない家族・親戚	7 役場などの職員
3 隣近所や同じ集落の人	8 その他（　　　　　　）
4 集落外の友人、知人	9 いない
5 ホームヘルパー（訪問介護員）	

生活の困りごとについてうかがいます

問12　生活する上でお困りのこと・不安なことはありますか。次の中から主なもの<u>3つ以内</u>に〇を付けてください。

```
1   いつでも自由に食料品や日用品を買えないこと
2   近くに医療機関がないこと
3   近くに働き口がないこと
4   携帯電話の電波が届かないこと（電波状態が悪いこと）
5   農林地の手入れが充分にできないこと
6   住居の改築・修繕などが充分にできないこと
7   サル、イノシシなどの獣が出没すること
8   台風、地震、豪雪など災害で被災のおそれがあること
9   ご自身や同居の家族だけでは、身のまわりのことを充分にできないこと
10  ひとり住まいであること
11  近所に住んでいる人が少ないこと
12  その他（                              ）
13  特にない
```

問13　あなたや同居している家族が病気や高齢になるなどして、日常生活が不自由になったとき、同居の家族以外には、主に誰を頼りますか。（1つに〇）

```
1   同居していない家族・親戚      5   役場などの職員
2   隣近所や同じ集落の人          6   いない
3   ホームヘルパー（訪問介護員）  7   その他（           ）
4   民生委員
```

問14　あなたや同居している家族が病気や高齢、あるいは日常生活が不自由になったとき、どのようなサービスがあるとよいと思いますか。次の中から主なもの<u>3つ以内</u>に〇を付けてください。

```
1   定期的な安否の確認
2   緊急通報サービス（危険なときに自ら緊急を知らせるサービス）
3   買い物の手伝い
4   家事（料理、掃除、洗濯など）の手伝い
5   配食サービス（お弁当の配達等）
6   通院などの送り迎え
7   高齢者の短時間の見守りサービス
8   災害発生時の避難の支援
9   話し相手
10  その他（                              ）
11  特にない
```

今後の生活についてうかがいます

問15　現在お住まいの地域に将来も住み続けたいですか。（1つに〇）

```
1  ぜひ将来も住み続けたい        3  できれば将来は別の地域に移りたい
2  できれば将来も住み続けたい    4  ぜひ将来は別の地域に移りたい
```

▶（問15で「1」または「2」とお答えの方にうかがいます。）

問15-1　現在お住まいのところに住み続けたい理由は何ですか。次の中から主なもの <u>3つ以内</u> に〇を付けてください。

```
1  現在の生活様式を変えたくないから
2  現在住んでいる家や地域に愛着があるから
3  親や子どもの家が近いから（親や子どもと同居しているから）
4  周りの人や地域のことをよく知っているから
5  農地・林地を守っていきたいから
6  お墓があるから
7  現在住んでいる地域で生計を立てられるから
8  水や空気がきれいだから
9  特に生活で困ることはないから
10 その他（　　　　　　　　　　　　　　　　　　　　　）
```

問16　10年後の生活を考えた時、不安なことはありますか。次の中から主なもの<u>3つ以内</u>に〇を付けてください。

```
1  いつでも自由に食料品や日用品を買えなくなりそうなこと
2  近くに医療機関がなくなりそうなこと
3  近くに働き口がなくなりそうなこと
4  携帯電話の電波が届かないであろうこと（電波状態が悪いであろうこと）
5  農林地の手入れが充分にできなくなりそうなこと
6  住居の改築・修繕などが充分にできなくなりそうなこと
7  サル、イノシシなどの獣が出没しそうなこと
8  台風、地震、豪雪など災害で被災のおそれがあること
9  ご自身や同居の家族だけでは、身のまわりのことを充分にできなくなりそうなこと
10 ひとり住まいになりそうなこと
11 近所に住んでいる人が少なくなくなりそうなこと
12 その他（　　　　　　　　　　　　　　　　　　　　）
13 特にない
```

地域の支え合いの仕組みについてうかがいます。

問17　あなたは身近な地域における住民同士の支え合いについてどのようにお考えですか。（1つに〇）

```
1  とても必要である         3  それほど必要とは思わない
2  どちらかといえば必要      4  まったく必要とは思わない
```

問18　あなたは、ご自分の地域（地区）において、住民同士の支え合いはどの程度盛んに行われていると思いますか。（1つに〇）

```
1  とても盛んである              3  それほど盛んではない
2  どちらかといえば盛んである    4  まったく盛んではない
```

問19　あなたは、以下で説明する病気や高齢、あるいは日常生活で不自由な人たちを身守り支え合う場が地区単位などの身近な場所でできることについてどのようにお考えになりますか。（1つに〇）

```
1  とても関心がある     3  あまり関心はない
2  やや関心がある       4  まったく関心はない
```

【支え合いの場：共同売店】

〇他県では、空き店舗や空き家、公民館、民家の一部を利用し、地域住民が共同で出資・運営する**共同売店**が、地域の支え合いの場として広がりつつあります。共同売店では、食料品や日用品を販売するだけでなく、自分が収穫した農産物の販売や、ひとり暮らしのお年寄りの安否確認、また、住民が働くことで生きがいの場ともなっています。

問20 あなたは、ご自分の地域に支え合いの場ができるとしたら、どのようなものがよいと思いますか。次の中からあてはまるものすべてに〇を付けてください。

```
1  食料品や日用品を購入できる売店
2  自分で作った農産物等の販売所
3  地域住民が交流できる寄り合い所
4  ひとり暮らし高齢者等の見守りや安否確認
5  困ったことなどを相談し、助け合う場
6  そこで働いて生きがいを得る場
7  その他（                              ）
8  特にない
```

問21 あなたのお住まいの地区、あるいは南牧村全体の良いところと改善が必要なところ、より暮らしやすくするための工夫・アイデアなど、あなたのお考えをご自由にお書きください。

```
【良いところ】
・
・
・

【改善が必要なところ】
・
・
・

【暮らしやすくするための工夫・アイデア】
・
・
・

【その他支え合いの場に対するご意見・お考えなどお聞かせください】
・
・
・
```

◆ アンケートは以上です。ありがとうございました。

　私どもは、この調査結果を基に地区を選定し、支え合いの拠点づくりを実際に行っていきたいと考えております。この活動に興味があり、一緒に地域づくりを考えてもよいと思う方は、お名前と連絡先をご記入ください。

お名前		電話番号	
おところ			
E-mail			

資料2　インタビュー調査の項目

1　予備調査（プレヒアリング調査）

独立行政法人福祉医療機構社会福祉振興助成事業
福祉デザイン研究所

暮らしに関するアンケート（南牧村）・プレヒアリングシート

（平成22年11月14日実施、於南牧村農業祭、記入者：　　）

■性別　　（　男 ・ 女　）
■お住まいの地区（旧村名、区名、分区名）

旧村名	区　名	分区名
	熊沢	

1　南牧村の暮らしについて

(1) 南牧村の集まりやすいところ（公民館、集会所など）

(2) 南牧村の改善が必要なところ

(3) 買い物や通院などの日常の移動について

(4) 対面や電話やネットなどの日常の交流について

※●調査員所見欄●※

2　支え合いの仕組みづくりについて

(5) 地域住民の支え合いについて（ボランティアの預貯金制度などを除く）

(6) 支え合いの場（共同売店）について（空家、空農担地、公民館、JA跡地の活用も視野に置く）

(7) 出荷・購入について（売店があれば売りたいか）

(8) 運営に関わりたいか

(9) 費用負担、出資金について（みんなで店を運営していくことについて）

3　フェイスシート

■年齢　　　歳代（10歳刻み）
■世帯形態（ひとり暮らし、高齢者のみ、2世代同居、3世代同居、その他　　　）
■一緒に地域づくりを考えてもよいと思う方は、お名前と連絡先をご記入ください。

お名前　　　　　　　　　　電話番号
おところ

ご協力ありがとうございました

2　本調査

地区の暮らしと支え合いの場に関するインタビュー
インタビュー項目

平成 23 年 1 月 14 日

福祉デザイン研究所

1　分区長へのインタビュー項目 2
　（1）アンケート調査の感想について 2
　（2）現在の生活の困りごとについて 2
　（3）地区における支え合いの状況について 3
　（4）将来の地区の姿について 3
　（5）支え合いの場について 3
　（6）住民の紹介について 4

2　「明日の南牧村を創る会」へのインタビュー項目 5
　（1）アンケート調査の感想について 5
　（2）会の活動状況や今後の課題について 5
　（3）空き家リストついて 5
　（4）支え合いの場となりそうな拠点について 5

3　住民（担い手・協力者）へのインタビュー項目 6
　（1）ご家族の状況について 6
　（2）地区に住んでいてよかったことについて 6
　（3）地区に住んでいて大変だなと思ったことについて 6
　（4）将来の地区の姿について 6
　（5）支え合いの場について 6

4　住民（要介護者）へのインタビュー項目 7
　（1）ご家族の状況について 7
　（2）現在の暮らしについて 7
　（3）介護保険などの福祉サービスの利用状況について 7
　（4）支え合いの場について 7

資 料 編

1 分区長へのインタビュー項目

※アンケート調査結果に関する資料（抜粋版）をはじめにご説明いたします。

（1）アンケート調査の感想について
　○今回、アンケート調査にご協力いただいて、その際のご苦労や、住民の方からの苦情・意見、またご自分が回答された感想などをお聞かせください。
　　・配布・回収が大変だった
　　・協力してくれない人やできない人への対応に困った
　　・調査の目的や意味が分からず困った
　　・結果をどのように活かすのか、結果を知らせてくれるのか知りたい
　　・ご自分で回答していて、答えにくかった質問
　　など
　※地区（分区）ごとに回収率は異なっていますので、回収のご苦労もお聞かせいただきたいと思います。

（2）現在の生活の困りごとについて
　○アンケート調査では
　　①「サルやイノシシなどの獣の被害が出没すること」
　　②「近くに医療機関がないこと」
　　③「いつでも自由に食料品や日用品を買えないこと」
　　④「災害の恐れがあること」
　などの回答が多くなっておりますが、お住まいの地区（分区）ではいかがでしょうか。地区ごとの調査結果を踏まえて、お考えをお聞かせください。

2

（3）地区における支え合いの状況について
　〇アンケート調査では、自分の地域の支え合いが盛んであると感じている人の割合は約半数となっています。また、地区（分区）単位では、それぞれ格差がみられました。
　※地区ごとの調査結果を踏まえ、ご自分の分区における支え合いの状況について具体的にお聞かせください。

（4）将来の地区の姿について
　〇アンケート調査では、全体の75％がお住まいの地区に将来も住み続けたいと思っており、どの地区（分区）でも概ね同様に多くの方が住み慣れた地区で住みつづけたいと願っておられます。
　〇一方、10年後の生活を考えて不安なことについて、
　　　①「近所に住んでいる人が少なくなりそう」
　　　②「いつでも自由に食料品や日用品を買えなくなりそう」
　　　③「近くに医療機関がなくなりそう」
　　などが多くなっておりますが、地区ごとに特徴がみられます。
　〇地区ごとの調査結果を踏まえて、あなたの地区ではなぜその項目が多くなっているのかについて、お考えをお聞かせください。

（5）支え合いの場について
　〇アンケート調査では、支え合いの場について約8割の方が関心があると回答されており、どの地区（分区）でも関心は高くなっております。
　〇ところが、支え合いの場の機能（売店、見守り、助け合い、寄合いなど）では、地区によって期待されている内容が異なっております。
　〇地区ごとの調査結果を踏まえて、あなたの地区ではなぜその機能が求められているのかについて、お考えをお聞かせください。

（6）住民の紹介について

○地区（分区）にお住まいの住民の方にもお話をお伺いしていきたいと思います。次のような方でお話をお聞かせいただける方をご紹介ください。

①支え合いの場の中心的な役割を担ってくれそうな人

②場の運営に協力していただけそうな人

③要介護状態にある人（できればアンケートに回答できなかった人）

以上でインタビューは終わりです。ありがとうございました。

資料編

2 「明日の南牧村を創る会」へのインタビュー項目

※アンケート調査結果に関する資料（報告書第1稿）をはじめにご説明いたします。

（1）アンケート調査の感想について
　○特に印象に残った項目はありますか。

（2）会の活動状況や今後の課題について
　○以前にも懇親会の場でお聞かせいただいているところで恐縮ですが、改めてお聞かせいただければと存じます。

（3）空き家リストついて
　①現在の進捗状況と今後の予定
　②村・県、商工会等との連携・協力の状況
　③私どもにご協力できることはありますか（調査結果の分析のお手伝いなど）。

（4）支え合いの場となりそうな拠点について
　○支え合いの場を提供していただけそうなお店、個人、施設などで心当たりありますか。
　※私どもの過疎集落再生のテーマと皆さまの空き家調査の取り組みには共通する点があり、今後協力・連携できればと考えております。

　　　　　以上でインタビューは終わりです。ありがとうございました。

3　住民（担い手・協力者）へのインタビュー項目

（1）ご家族の状況について
　　○はじめに、ご家族の状況（家族構成）についてお聞かせください。

（2）地区に住んでいてよかったことについて
　　○お住まいの地区（分区）に「住んでいてよかったな」と思われた経験はありますか。それはどのようなことですか。

（3）地区に住んでいて大変だなと思ったことについて
　　○逆に、お住まいの地区（分区）に「住んでいて大変だな」と思われた経験はありますか。それはどのようなことですか。

（4）将来の地区の姿について
　　○10年後の地区（分区）は、どのようになっていると思われますか。また、あなたの暮らしはどうなっていると思われますか。

（5）支え合いの場について
　　①身近な地域（分区）に支え合いの場ができるとしたら、どのような機能があればよいと思いますか。
　　②場所の運営に協力するお気持ちはありますか。
　　③場所はどこがよいと思いますか（ご自分の家の提供も含めて）。
　　④費用を負担することについてどのように思いますか。

　　　　　以上でインタビューは終わりです。ありがとうございました。

4 住民（要介護者）へのインタビュー項目

(1) ご家族の状況について
　○はじめに、ご家族の状況（家族構成）についてお聞かせください。

(2) 現在の暮らしについて
　○日中は主に何をされていますか。
　○外出や通院などはどうされていますか。
　○近所づきあいや友達づきあいはありますか。

(3) 介護保険などの福祉サービスの利用状況について
　○どのようなサービスを使っていますか。
　○あったらよいと思うサービスは何ですか。

(4) 支え合いの場について
　①身近な地域（分区）に支え合いの場ができるとしたら、どのような機能があればよいと思いますか。
　②場所の運営に協力するお気持ちはありますか。
　③場所はどこがよいと思いますか（ご自分の家の提供も含めて）。
　④費用を負担することについてどのように思いますか。

　　　以上でインタビューは終わりです。ありがとうございました。

資料3　調査実施体制及び経緯等

1　福祉デザイン研究所について

　福祉デザイン研究所は、社会福祉学者・武蔵野大学大学院教授の川村匡由が平成15年4月、福祉の先進自治体の一つ、武蔵野市において地域福祉を実践し、かつその理論を検証するとともに社会貢献もすべく、大学院の教え子や各地の研究者、行政、社協、NPO、市民団体、企業などの関係者約20人に声をかけ、「武蔵境福祉研究会」（非営利任意団体）との名称で発足させたのが始まりである。

　当時、事務局は川村研究室に置き、高齢者の介護や年金生活、地域福祉のあり方などをテーマに会員が川村を囲み、学習活動を重ねてきた。

　その後、小泉政権下で「平成の大合併」が推進されるようになったため、この合併が市町村の地域福祉にどのような影響を及ぼすのか、また、地域福祉本来の意義はどこにあるのか、その原点を探るべく、川村所長の問題提起を受け、平成19年4月、一連の合併による地域福祉への影響を調査研究するため、「市町村合併と地域福祉」をテーマとする研究部、及び地元武蔵野市における宅老所の開所をめざすサロン部からなる非営利任意団体、「福祉デザイン研究所」として発展拡大させ、今日に至っている。

　事務局は、川村所長の研究室である武蔵野市境3-12-10、ソフィー武蔵野101号室に設置し、毎月1回、研究会を開いている（http://www.geocities.jp/kawamura0515/）。

　ちなみに、これまでの調査研究は、「平成の大合併」をした全国の市町村を対象にアンケート調査、旧産炭地域の北海道夕張市、福岡県旧赤池町など3町（現福智町）における財政再建及び地域福祉に関わる現地調査を実施し、日本地域福祉学会や日本社会福祉学会などで報告するとともに、川村匡由編著『市町村合併と地域福祉』ミネルヴァ書房、2007年及び川村匡由編著『地域福祉の原点を探る～夕張市に見る住民・市民自治の本質～』ミネルヴァ書房、2008年などの著作の上梓及び研究論文を各誌に発表している。

　なお、宅老所の関係では川村が地域サロン「ぷらっと」を主宰し、地元の主婦や家事調停委員、特別養護老人ホームの事務長などを運営スタッフとして協力を得て、毎週土・日曜日、年金や医療保険、介護保険、地域福祉に関わるさまざまな情報の提供や相談、サービスの連絡・調整などを行っている。

2 調査・研究員名簿

氏　名	所属及び役職
川村　匡由	社会福祉学者・福祉デザイン研究所所表、武蔵野大学大学院教授
島津　淳	桜美林大学教授
豊田　保	新潟医療福祉大学教授
荒井　浩道	駒澤大学准教授
小野　篤司	宇都宮短期大学助教
石川　陽一	生活構造研究所研究員

※上表は、本研究所研究員のうち、主として調査に携わった者の名簿であり、他の研究員においても随時経過を報告して意見等をいただいている。

3 調査の経緯

年月	内　容
平成21年 4～8月	**月例（自主）研究会** ・川村当所長より群馬県南牧村における合併協議会解散に伴う地域福祉などの課題の提起
9月	**第一次予備（自主）調査** ・南牧村役場、南牧村商工会、南牧村森林組合、南牧村社会福祉協議会、特別養護老人ホームさわやかホーム、民俗資料展示室、黒瀧山不動寺などの視察及びヒアリング調査
平成22年 2月	**第二次予備（自主）調査** ・南牧村星尾地区などでの住民へのインタビュー調査、異動販売業者ヒアリング調査
3月～6月	**月例（任意）研究会** ・群馬県南牧村における地域コミュニティ再生事業について独立行政法人福祉医療機構への応募の検討、書類作成、応募
7月～8月	**月例（任意）研究会** ・群馬県南牧村における地域コミュニティ再生事業について独立行政法人福祉医療機構への応募書類の作成及び応募・決定通知受け
平成22年 8月24日	**第1回研究会** ・平成22年度独立行政法人福祉医療機構社会福祉振興助成事業の受託確認、調査研究の開始、世帯住民悉皆郵送調査の概要について検討（調査対象、調査票の仕様、質問項目設計の基本方針、共同店について）
9月14日	**第2回研究会** ・全世帯住民悉皆郵送調査票の作成
10月5日	**予備調査実施** ・全世帯住民悉皆郵送調査実施にあたり、南牧村役場職員、当研究会メンバーで、アンケート調査の設問・内容等について、配布・回収等の実施方法について、調査結果の報告等について、共同売店の可能性、農業祭へのブース出展、面接調査等今後のスケジュールについて検討
10月17日	**第3回研究会** ・全世帯住民悉皆郵送調査の配布・回収時期等の予定について確認。 ・11月に実施する住民プレ面接調査について検討（調査目的、調査方法、調査対象、インタビュー項目について）
11月13日～14日	**住民プレ面接調査実施** ・南牧村農業祭に参加し、事前に作成した設問項目に従い、「暮らしに関するアンケート・プレヒアリング」を実施

年月	内　容
11月20日	**第4回研究会** ・住民プレ面接調査の集計・解析・考察、住民面接調査案の検討
12月19日	**第5回研究会** ・全世帯住民悉皆郵送調査の集計・解析・考察、住民面接調査案の検討
平成23年 1月5日	**第6回研究会** ・住民面接調査案の検討（インタビューガイド）
2月12日	**第7回研究会** ・住民面接調査の確定（調査日程、調査方法、調査対象）
2月18日 ～22日	**住民面接調査実施** ・アンケート結果を回収後、移動手段の確保について困難さが高い結果が出た熊倉地区、星尾地区、羽沢地区についてインタビュー調査を実施し、さらに詳しい調査を実施。調査終了後、住民面接調査の集計・解析・考察
3月6日	**第8回研究会** ・住民面接調査の集計・解析・考察、報告書の執筆・精査・編集、報告書の入稿・校正。報告書の発行・配布先確定・配布

4　参考文献

- 大野晃『限界集落と地域再生』高知新聞社、2008年
- 小田切徳美『農山村再生「限界集落」問題を超えて』岩波ブックレット、2009年
- 日本村落研究学会『高齢化時代を拓く農村福祉』農文協、1999年
- 原田信男『中世の村のかたちと暮らし』角川書店、2009年
- 結城登美雄他『シリーズ・集落再生（21巻）』農文協、2009～10年
- 鷲田清一『〈弱さ〉のちから』講談社、2001年
- 関満博・長崎利幸『市町村合併の時代/中山間地域の産業振興』農文協、2003年
- 遠藤宏一『現代自治体政策論』ミネルヴァ書房、2009年
- 川村匡由編著『市町村合併と地域福祉』ミネルヴァ書房、2007年
- 川村匡由編著『地域福祉の原点を探る～夕張市に見る住民・市民自治の本質～』ミネルヴァ書房、2008年
- 川村匡由『地域福祉とソーシャルガバナンス』中央法規出版、2009年
- 川村匡由編著『地域福祉論』ミネルヴァ書房、2005年
- 川村匡由・石田和子編著『地域福祉の理論と方法』久美出版、2009年
- 島津淳・鈴木真理子編著『地域福祉計画の理論と実践』ミネルヴァ書房、2005年
- 内閣府『平成20年版国民生活白書』2008年
- 内閣府『平成22年版高齢社会白書』2010年
- 南牧村「南牧村過疎地域自立促進計画」2005年
- 南牧村「第3次南牧村総合計画」2000年
- 南牧村「第4次南牧村行政改革大綱」2005年
- 南牧村「南牧村老人福祉計画及び介護保険事業計画」2009年
- 南牧村「広報なんもく（各月号）」
- 平成19年台風第9号による災害に関する調査研究会「平成19年台風第9号による災害に関する調査研究報告書」2008年
- 農研機構農村工学研究所「群馬県南牧村における振興支援型研究の記録―地域振興へのチャレンジ」2010年
- 遠藤和子・唐崎卓也・安中誠司・石田憲治「限界化が危惧される地域の振興支援方策－群馬県南牧村における振興支援型研究―」『農工研技報』第210号、農村工学研究所、2009年財団法人群馬地域文化振興会「ぐんま地域文化（第15号）」2000年
- 内閣府経済社会システム「平成21年度国民生活選好度調査調査票（平成22年4月27日）」、2010年
- 過疎集落研究会「過疎集落研究会報告書」国土交通省、2009年
- 国土交通省「人口減少・高齢化の進んだ集落等を対象とした『日常生活に関するアンケート調査』の集計結果（中間報告）」、2009年
- 国土交通省国土計画局総合計画課「人口減少・高齢化の進んだ集落等を対象とした『日常生活に関するアンケート』（中間報告）（平成20年12月）」2008年
- 国土交通省国土計画局総合計画課「日常生活に関するアンケート調査調査票（世帯主向け、世帯主以外の15歳以上の方向け）」（国土交通省国土計画局総合計画課「人口減少・高齢化の進んだ集落等を対象とした『日常生活に関するアンケート』（中間報告）（平成20年12月）」（別紙1、別紙2）、2008年
- これからの地域福祉のあり方に関する研究会報告「地域における新たな支え合いを求めて―住民と行政の協働による新しい福祉―」全国社会福祉協議会、2008年
- 南牧村ホームページ（http://www.nanmoku.ne.jp/）
- 南牧村「頑張る地方応援プログラム」（http://www.nanmoku.ne.jp/pdf/sien1.pdf）
- 群馬県ホームページ（http://www.pref.gunma.jp/07/k09310008.html）
- 下仁田町ホームページ（http://www.town.shimonita.gunma.jp/）
- 市町村変遷情報ホームページ（M.Higashide）（http://uub.jp/upd/）

【著者紹介】

豊田　保（とよだ　たもつ）

1951年埼玉県生まれ。立命館大学産業社会学部卒業。東洋大学大学院教育学専攻および福祉社会システム専攻の両修士課程修了。同大学院社会福祉学専攻博士後期課程単位取得満期退学。修士（教育学）、修士（社会学）、博士（保健福祉学：高崎健康福祉大学）

東京都庁福祉局係長、東京都立立川高等保育学院保育科専任講師を経て、現在、新潟医療福祉大学社会福祉学部・大学院医療福祉学研究科教授。地域福祉論、地域福祉実践演習、福祉NPO論などを担当。

〔主な著書〕

『子どもの感性と発達』東研出版，1984
『住んでよかった街・東久留米』（共編著）ささら書房，1993
『私が保母になりたい理由』（編著）萌文社，1997
『社会福祉基本用語集』（共著）ミネルヴァ書房，1999
『福祉社会の最前線』（共編著）相川書房，2001
『社会福祉とコミュニティ』（共著）東信堂，2003
『地域福祉論』（共著）ミネルヴァ書房，2005
『障害者福祉論』（共著）ミネルヴァ書房，2005
『児童福祉論』（共著）ミネルヴァ書房，2005
『福祉コミュニティの形成と市民福祉活動』萌文社，2005
『保健・医療・福祉の研究・教育・実践』（共著）東信堂，2007
『市町村合併と地域福祉』（共著）ミネルヴァ書房，2007
『地域福祉の原点を探る』（共著）ミネルヴァ書房，2008
『福祉コミュニティの形成と市民福祉活動【第2版】』萌文社，2011
『社会福祉の可能性』（共著）相川書房，2011
『現代地域福祉論』（共著）保育出版社，2013

過疎・限界集落のストレングスと地域福祉

2015年12月25日　初版第1刷
　著　者　豊田　保
　発行者　谷　安正

発行所　萌文社（ほうぶんしゃ）
　　　　〒102-0071　東京都千代田区富士見1-2-32-202
　　　　　　　　TEL 03-3221-9008　FAX 03-3221-1038
　　　　　　　　郵便振替　00190-9-90471
　　　　Email info@hobunsya.com　URL http://www.hobunsya.com

印刷・製本／倉敷印刷

© Tamotsu Toyoda. 2015. Printed in Japan.　ISBN978-4-89491-302-8　C3036